오늘 만나

———

살아나다 · 살아가다

만나를 찾아 하나님과 만나는

쉬운 큐티 수업

오늘
만나

원의숙 지음

비홀드

큐티를 통해
하나님의 말씀이
내 삶에
실재가 되다

저는 둘째 딸을 낳고 백일이 지나 시작된 척
추 통증으로 2001년부터 정상적인 생활이
불가능했습니다. 24시간 이어지는 통증에
하루에도 몇 번씩 진통제를 먹어야 했고, 수
많은 곳을 다니며 치료를 받았지만 원인을
찾지 못해 모두 허사였습니다. 그로부터 2년
뒤에는 둘째 딸 조이가 자가 면역 질환인 소
아당뇨 진단을 받았습니다.

한 집안에 병자가 둘이니 분위기가 어떠했
을지 짐작이 가시나요? 어린 큰딸은 자그마
한 손으로 집안일을 하고, 남편은 집 밖에서
도 안에서도 쉴 새 없이 움직이고… 저는 가
족에게 점점 무거운 짐이 되는 것 같아 괴로
웠습니다. 지치고 고단한 삶, 그래도 안간힘
을 다했지만 가정 안에서의 모든 관계는 서
서히 깨지기 시작했습니다. 더욱이 서른 살
에 주의 종으로 부름 받아 순종하였으나 주
를 섬길 아주 작은 기회조차 주어지지 않아
하나님께도 버림받은 심정이었습니다.

영혼육이 병든 저는 아무것도 아니었습니다. 호흡만 있을 뿐 아무 가치 없는 존재였습니다. 살아야 할 의미와 소망을 모두 잃었다고 느낀 어느 날부터는 '어떻게 하면 죽을 수 있을까'만 생각했습니다. 그래서 마침내 죽음을 선택하고 그 길목에 발을 내딛으려는 찰나, 주님께서 제게 손을 내미시며 생명의 길을 보이셨습니다. 그 생명의 길은 바로 '큐티'였습니다.

저는 큐티를 통해 생명을 부여받았습니다. 큐티를 하면서부터 제 삶에 죽어 있던 모든 것, 깨졌던 모든 관계가 살아났습니다. 제게 주신 예배자, 자녀, 제자, 천국시민 등 모든 정체성이 살아나고, 현재와 장래의 사명이 소생되었습니다.

이후로 저는 모든 치료를 끊고, 하루하루 제게 들려주시는 생명의 말씀을 붙들고 나아갔습니다. 큐티를 통해 날마다 성령님과 대화하며 하나님을 만나 동행하는 기쁨을 누렸습니다. 저는 그렇게 조금씩 힘을 얻어 10년 만에 진통제를 끊었고, 열두 해 혈루증을 앓은 여인이 나았듯 12년 만에 나았습니다. 저는 그 은혜를 경험했기에 척추 통증이 육체의 가시로 남아 있는 지금 감사하며 살아가고 있습니다. 그것이 저를 자만하지 않게 하시려는, 그리고 그리스도의 능력을 온전히 나타내시려는 하나님의 뜻임을 알기 때문입니다.

저는 진통으로 인해 대부분의 시간을 누워 지내야만 했습니다. 그때 집에서 홀로 큐티한 시간이 3년이고, 그 시간들의 열매가 「내 안에 심겨진 가시나무」(토기장이)라는 간증책입니다. 죽은 저를 살리신 예수님을 간증한 내용입니다. 그 후로 저는 침상에서 일어나 교회 큐티모임에 참석하기 시작했습니다. 지금까지 지체들과 함께 큐티한 시간이 10년이고, 그 시간들의 열매가 바로 이 책입니다.

저는 첫 책을 출간한 후부터 매 주일마다 교회에서 만나는 자매들에게 큐티책을 전하며 권하고 있습니다. 솔직히 반응이 좋지만은 않았습니다. 여러 이유가 있겠지만, 먼저는 큐티가 어려워서입니다.

그런데 일대일로 만나 큐티를 하면 그렇지 않았습니다. 그들은 성령님이 자신에게 무엇을 말씀하시는지를 잘 듣고, 속마음을 진솔하게 나누었습니다. 뿐만 아니라 큐티한 말씀을 붙들고 어떻게 살아가야 하는지를 잘 결단하고 순종했습니다. 그러나 큐티모임에 참석해 어느 정도 시간이 지나면 다시 예전처럼 큐티를 어려워하고, 그 모임을 떠나기도 했습니다.

그들은 혼자 성경말씀을 찾아 성령님께 묻고 그분의 음성을 듣는 것이 매우 어렵다고 고백했습니다. (그 이유는 아직 성령님과의 대화와 교제가 단련되어 있지 않기 때문입니다.) 그래서 큐티모임에 가서 자신이 만난 하나님을 증거하기보단 일상을 나누며 하소연만 하다 돌아오거나, 결국 그것도 한계를 느껴 답답한 마음으로 모임을 떠나게 된다고 했습니다.

저 역시 큐티를 하면서 여러 모순으로 인해 답답할 때가 참 많았습니다. 그 모순은 아무리 오래 큐티를 해도 말씀이 현재의 삶에 역사하지 않고, 실재가 되지 않는다는 것이었습니다. 예수님은 살리시는 생명의 주관자와 생명의 근원이신데 그분과 무관하게 죽은 자처럼 살아가고, 생명의 말씀이 능력 없는 말로만, 기록된 글로만 느껴진다는 것이었습니다. 지금 우리 스스로가 죽은 자처럼 불평하며 탄식하고 있다면, 이것들을 대변하고 있는 것입니다.

그렇다면 큐티를 어려워서 안 하고, 큐티를 해도 말씀이 내 삶에 실재가 되지 않는 이 여러 문제를 어떻게 극복할 수 있을까요? 지옥 같은 현실에서 천국의 기쁨을 누리고, 실족할 때에 멀리 계신 주님이 아닌 바로 곁에서 일으켜 세우시는 주님을 어떻게 경험할 수 있을까요? 예수님이 십자가에서 보여 주신 사랑과 공의, 은혜와 권능, 영광이 오늘을 살아가는 우리에게 어떻게 실재가 될 수 있을까요? 우리와 함께 하시는 성령님과 어떻게 대화할 수 있을까요? 하나님과의 동행을 어떻게 이룰 수 있을까요? 이 모두는 우리 가슴속 깊이 자리한 의문이자 갈망일 것입니다.

저도 이와 같은 여러 의문 가운데 성령님께 묻고 또 물었습니다. 그리고 성령님이 가르쳐 주실 때마다 마음과 뜻과 힘을 다해 기록하고 훈련해나갔습니다. 그것은 큐티를 통해 하나님의 말씀이 내 삶에 실재가 되는 구체적인 방법들이었습니다. 저는 그 가르침을 시냇가에 심은 나무가 시절을 좇아 과실을 맺듯, 세 시즌(시절)으로 나누어 이 책에 담았습니다.

시즌 1은 '이론편'으로 큐티에 대한 개요와 큐티의 방법 4단계(만나찾기 → 묵상하기 → 적용하기 → 증거하기)를 각 장마다 자세히 설명하고 있습니다. 시즌 1의 특징 가운데 그 첫 번째는 성령님과 친밀하고 풍성하게 대화할 수 있도록 돕는 '만나(오늘 나에게 주시는 말씀의 씨앗)찾기 8가지 방법'을 제시한 것이고, 두 번째는 '묵상'의 사전적 의미로 인해 늘 생각에만 머무르는 큐티의 문제점을 '대화' 개념으로 푼 것입니다. 묵상할 때도 찾은 만나를 가지고 성령님과 대화하는 것에 초점을 두고, 적용할 때도 말씀을 삶에서 순종하기 위해 성령님과 대화하는 것에 초점을 맞추었습니다. 세 번째는 큐티하면서 만난 하나님을 나누는 '나눔'이라는 용어 대신 성경적 관점에 맞추어 '증거'라는 용어를 사용한 것입니다. 이는 큐티모임에 참석해 삶의 이야기만 나누고 끝나는 문제를 극복하고, 예수님의 증인이 되는 사명을 확고히 하기 위함입니다. 네 번째는 '증거하기 4단계'를 제시한 것입니다. 이 단계에 맞추어 말씀 속에서, 삶 속에서 만난 하나님을 간증하다 보면, 언제 어디서나 내가 만난 하나님을 증거하는 증인으로 굳게 세워질 수 있습니다.

시즌 2는 '훈련편'으로 시즌 1에서 배운 모든 내용을 레슨 1에서 12까지 자연스럽게 익히도록 돕습니다. 가장 큰 특징은 본문 말씀에서 찾은 만나로 성령님과 대화할 수 있는 묵상질문과 적용질문이 다양하게 실려 있다는 점입니다. 그 질문들은 복음과 복음적 삶, 즉 '예수 그리스도의 복음과 그분의 통치 아래 구원 받은 백성으로서 합당히 행하는 삶, 하나님을 사랑하고 이웃을 사랑하는 삶'의 구조에 맞춰 성령님과 대화한 내용입니다. 혹 마음에 감동이 되는 질문이 있다면 성령님과 대화해보시길 권합니다. 각 레슨의 마지막에는 큐티의 방법 4단계를 훈련할 수 있는 '오늘만나 PT'(Personal Training) 페이퍼가 있습니다.

시즌 3은 '활용편'으로 제가 2010년부터 6년 동안 기록한 글들이 담겨 있습니다. 성령님께 훈련받으며 하나님과 동행한 삶의 증거인 이 글들은 이론으로 배우고 실제로 훈련한 큐티가 삶에서 어떻게 활용되는지를 세밀하게 보여 줍니다. 큐티를 통해 하나님께서 우리 삶을 어떻게 말씀으로 다스리시고 역사하시는지를 증거합니다.

예수님을 영접하면 그 순간부터 하나님과의 동행이 시작됩니다. 항상 성령님과 대화하며 인생길을 걸어가게 됩니다. 큐티는 하나님과의 동행을 실질적으로 이끌어 주는 훈련이므로 성령의 사람은 큐티하는 사람이 됩니다. 성령님께서 말씀으로 '먼저 주를 찾고, 항상 주께 묻고, 끝내 주께 순종하고, 가서 주를 증거하는 사람'으로 단련시키시기 때문입니다. 이를 위하여 이 책이 당신에게 실제적인 도움이 되기를 간절히 소망하며 기도합니다.

"사랑하는 주님, 이 책을 읽어가는 여정 가운데 성령님과 친밀하게 대화하며 동행하게 해주세요. 오늘을 살게 하시는 예수님을 만나게 해주세요."

복 있는 사람은

오직 여호와의 율법을 즐거워하여

그 율법을 주야로 묵상하는 자로다

저는 시냇가에 심은 나무가

시절을 좇아 과실을 맺으며

그 잎사귀가 마르지 아니함 같으니

그 행사가 다 형통하리로다

SEASON 1
이론편 | 배우다

큐티가 갑자기 잘되는 기적의 큐티훈련법이나 비법은 없습니다. 우리는 큐티의 열매를 맺기 위해 시냇가에 심은 나무가 시절을 좇아 과실을 맺듯 반드시 경험하며 거쳐야 할 시즌을 따라갈 것입니다. 그 첫 번째 시즌에서 우리는 성경을 펼치고 성령님께 물으며 큐티에 대해 아주 작은 것부터 배워나갈 것입니다. 지혜롭게 나눠 정의한 큐티의 방법 4단계(만나찾기→묵상하기→적용하기→증거하기)는 복음을 증거하는 자리까지 우리를 이끌어 줄 것입니다.

SEASON 2
실습편

익히다

시즌 2는 앞에서 배운 이론을 단계적, 구체적, 반복적으로 훈련하면서 큐티하는 방법을 자연스레 익히도록 도와줍니다. 저자가 만나를 찾는 8가지 방법으로 어떻게 큐티를 하는지 관찰하고, 그 내용에 자신을 비추어 성령님과 깊이 대화를 나누어 봅니다. 그리고 각 본문마다 찾은 10개의 만나들 중 레슨의 주제에 해당하는 만나가 묵상하기와 적용하기 단계에서 어떻게 성령님과의 대화로 이어지는지 주목하여 봅니다. 각 레슨의 마지막에는 개인연습을 할 수 있는 별도의 공간이 있습니다.

마침내 '열매'를 맺는 마지
막 시즌입니다. 여기서 우리
는 앞에서 배우고 익힌 내용
들이 어떻게 삶에서 활용되
는지, 즉 말씀이 어떻게 삶의
구체적인 순종으로 이어지
는지 배웁니다. 이를 위해 저
자는 자신의 큐티 기록을 공
개합니다. 그것은 성령님께
큐티를 훈련받으며 하나님
과 동행한 삶의 간증이자 하
나님께서 말씀으로 어떻게
다스리고 역사하시는지 증
거한 글입니다. 두 시즌 동안
배우고 익힌 것들이 실제 삶
에서 어떻게 활용되는지 살
펴보고 나만의 큐티에세이
를 기록해봅니다.

책으로 펼치는 쉬운 큐티 수업 「오늘 만나」는 누구나 쉽게 배울 수 있는 내용으로 학습한 것을 구체적, 단계적, 반복적으로 훈련하여 하나님과의 동행을 실질적으로 이끌어 줍니다. 이 책이 가치 있는 이유는 출간 전 1년 동안, 개인과 공동체가 직접 따라 훈련하며 모든 내용이 실천 가능한지 점검하고 보완하는 등 탄탄한 과정을 거쳤기 때문입니다.

오늘만나QT 12주 훈련 프로그램 소개

이 책을 가장 효과적으로 활용하는 방법은 '오늘만나QT 12주 훈련 프로그램'을 따르는 것입니다. 이 프로그램은 12주 동안 개인뿐 아니라 교회, 단체 등 공동체에서 효과적, 실제적으로 훈련할 수 있도록 구성되었습니다. 이 책이 공동체의 연합과 부흥의 불씨로 사용되기를 소망합니다. 훈련을 시작하기에 앞서, 다음 각 시즌별 참고사항과 활용방법에 대해 알아보겠습니다.

SEASON 공통	• 큐티는 하나님과 친밀한 교제를 나누는 경건 훈련이므로 매순간 주님과의 인격적 만남을 사모하며 훈련합니다. • 오늘만나QT는 성령님과의 '대화'에 집중하므로 성령님이 함께 하신다는 것을 믿고 큐티할 때뿐 아니라 일상에서도 성령님과 대화하는 훈련을 계속합니다. • 기록은 가만히 앉아 생각만 하는 정적인 자세를 깨뜨려 성령님과의 대화에 집중하도록 도우므로 꼭 펜을 들고 기록합니다. 큐티할 때 '쓰기'는 대화할 때 '말하기'의 역할을 대신합니다.

SEASON 1 이론편: 배우다	• "묵상의 성경적 의미는 '생각'이 아닌 '대화'입니다", "하나님 과의 만남은 '교제'로 이어져야 하고 교제를 위해서는 성령님 과 대화해야 합니다" 등 이론편은 우리에게 이미 익숙한 개념 들을 재점검하여 성경적 관점으로 풀어주고, 개념을 확장시켜 줍니다. • 큐티가 생각에 머무르지 않고 순종하는 자리까지, 내가 만난 하나님을 증거하는 자리까지 나아가도록 '큐티의 방법 4단계' 를 반드시 인지합니다. 이것은 반복되어 학습되므로 이론편을 마치기 전에 자연스레 외워집니다.
SEASON 2 실습편: 익히다	• 성령님과 친밀하게 '대화'하는 훈련과 나를 만나주신 하나님 을 '증거'하는 훈련에 집중하므로 큐티하는 본문 말씀의 이해 를 돕는 내용이나 깊이 있는 해석은 따로 싣지 않았습니다. 관 련 내용은 개인적으로 주석을 참고해주세요. • '묵상하기'와 '적용하기'에 나오는 질문은 복음과 복음적 삶, 즉 '예수 그리스도의 복음과 그분의 통치 아래 구원 받은 백성 으로서 합당히 행하는 삶, 하나님을 사랑하고 이웃을 사랑하는 삶'의 구조에 맞춰 성령님과 대화한 내용입니다. • 3-8주차에 나오는 각 만나찾기 방법에 따라 일주일에 한 번 이상 '오늘만나 PT'(Personal Training) 페이퍼를 작성합니다 (ex.100쪽). • 3-12주차까지 일주일에 1-2일은 각 레슨 본문을 따라 큐티 하고, 나머지 날은 개인적으로 훈련합니다. 자신에게 맞는 큐 티책을 선택하여 묵상하기와 적용하기 질문을 3개 이상씩 기 록하여 훈련해나가시길 권합니다. • 혼자 훈련하는 것이 어려우신 분은 큐티 짝을 정해서 함께 하 시길 권합니다.
SEASON 3 활용편: 살아가다	• 에세이 형식으로 되어 있어 차례와 상관없이 언제든지 편하게 읽으실 수 있습니다. • 저자의 큐티에세이를 읽고 하나님과 동행한 나의 하루를 기록 해봅니다. • 공동체에서 활용하는 경우, 마지막 12주차 모임에서 각자의 큐티에세이를 나누며 간증하는 시간을 가집니다.

성   명 ....

시작일 ....   종료일 ....

"모든 것은 하나님의 말씀과 기도로 거룩해집니다. 그대가 이런 교훈으로 형제자매를 깨우치면, 그대는 믿음의 말씀과 그대가 지금까지 좇고 있는 좋은 교훈으로 양육을 받아 그리스도 예수의 좋은 일꾼이 될 것입니다. 저속하고 헛된 꾸며낸 이야기들을 물리치십시오. 경건함에 이르도록 몸을 훈련하십시오. 몸의 훈련은 약간의 유익이 있으나 경건 훈련은 모든 면에 유익하니 이 세상과 장차 올 세상의 생명을 약속해줍니다." 디모데전서 4:5-8, 새번역

주차	페이지		주 제	핵심 내용	체크
1	21 ~ 38	이론편	큐티 개요	큐티의 정의란 무엇인가 큐티의 목적은 무엇인가 큐티의 방법은 무엇인가 큐티의 결과는 무엇인가 큐티에 필요한 요소는 무엇인가	■
2	39 ~ 91		큐티의 방법 4단계	1단계 만나찾기: 말씀을 읽으며 묵상을 위한 만나 찾기 2단계 묵상하기: 찾은 만나로 성령님과 대화하기 3단계 적용하기: 적용을 위해 성령님과 대화하고 삶에서 순종하기 4단계 증거하기: 말씀 속에서, 삶 속에서 만난 하나님을 증거하기	■

큐티를 하는 것보다 더 중요한 것은 예수 그리스도를 만나는 것입니다!

주님과의 동행을 실질적으로 이끌어 주는
오늘만나QT를 통해 성령님과 대화하며 더욱 친밀해지시길 간구합니다.

이 론 편

큐티가 갑자기 잘되는 기적의 큐티훈련법이나 비법은 없습니다. 우리
는 큐티의 열매를 맺기 위해 시냇가에 심은 나무가 시절을 좇아 과실
을 맺듯 반드시 경험하며 거쳐야 할 시즌을 따라갈 것입니다. 그 첫 번
째 시즌에서 우리는 오로지 성경을 펼치고 성령님께 물으며 큐티에
대해 아주 작은 것부터 배워나갈 것입니다. 지혜롭게 나눠 정의한 큐
티의 방법 4단계(만나찾기→묵상하기→적용하기→증거하기)는 복음
을 증거하는 자리까지 우리를 이끌어 줍니다. 이 시즌을 잘 따라가면
말씀 속에서도, 삶 속에서도 성령님과 대화하며 친밀해질 수 있습니
다. 기억하세요. 큐티는 결코 가볍지 않으나 어렵지도 않습니다.

SEASON 1

배우다

큐티개요

당신에게 큐티란 어떤 의미인가

저는 마흔 이후부터 삶을 간편하게 정리해야겠다는 생각을 하고 곧바로 실행에 옮겼습니다. 오랫동안 사용하지 않은 물건은 모아 기증했고, 앞으로 짐이 될 만한 물건은 사지 않는다는 원칙도 세웠습니다. 그러면서 한동안 이런 상념에 빠진 적이 있습니다. '만약 내가 지금 당장 떠나야 한다면, 꼭 가지고 가야 할 것은 무엇일까?' 동행자 없이 떠난다는 가정 하에 말입니다.

심각하게 고민하여 골라 보니 옷가지 등 필수품과 성경을 포함한 몇 권의 책, 그리고 노트북이었습니다. 그리고 여기에 더하여 아무리 무거워도, 무슨 일이 있어도 꼭 챙겨야 할 것은 말씀묵상 노트였습니다. 그 안에는 주님과 저와의 흔적이 고스란히 담겨 있기 때문입니다. 주의 명령을 지켜 맺은 순종의 단 열매, 그렇지 못해 맺은 불순종의 쓴 열매 모두 말입니다.

이 과정 가운데 저는 제 삶에 가장 귀한 것이 무엇인지를 깨달았습니다. 그것은 말씀으로 동행해주신 하나님에 대한 증거들이었습니다. 이를 깨달은 후에야 저는 시편 119편의 시인처럼 "내 소유는 이것이니 곧 주의 법도들을 지킨 것이니이다"라고 고백할 수 있었습니다.

> "내가 사랑하는 주의 계명들을 스스로 즐거워하며 또 내가 사랑하는 주의 계명들을 향하여 내 손을 들고 주의 율례들을 작은 소리로 읊조리리이다 … 내가 나그네 된 집에서 주의 율례들이 나의 노래가 되었나이다 … 내 소유는 이것이니 곧 주의 법도들을 지킨 것이니이다 … 주의 증거들로 내가 영원히 나의 기업을 삼았사오니 이는 내 마음의 즐거움이 됨이니이다." 시편 119:47-48,54,56,111

이제부터 저는 '주의 율례들이 어떻게 나의 기업이요 나의 노래가 되었는지'에 대한 과정을 고백하려고 합니다. 그 과정이 '큐티'를 통해 이루어졌으므로 제가 어떻게 큐티를 해왔는지에 대해 하나하나 소개하려고 합니다. 어떤 이에게는 아주 낯설고 어떤 이에게는 아주 익숙한 큐티, 그러나 분명한 사실은 바로 이 큐티가 우리 모두를 설레게 하기에 충분하다는 것입니다.

저는 예수님을 사랑하기에 그분의 말씀을 사랑합니다. 예수 그리스도는 말씀이 육신이 되어 우리에게 오신 분입니다. 예수님을 사랑하면 말씀을 사랑하게 되고, 내게 말씀하시는 예수님의 음성에 귀를 기울이게 됩니다. 그분이 말씀하시는 대로 살고 싶은 갈망이 생깁니다. 그래서 내가 말씀을 지켜 맺은 열매는 예수님과 사랑을 나눈 증거이기도 합니다.

성령님의 인도하심을 따라 말씀 속에서 예수님을 만나 수많은 사랑의 증거를 낳고, 내 사랑하는 주님을 노래하도록 이끄는 큐티! 이제부터 예수님과 사랑의 교제를 나누는 큐티에 대해 소개해드리 겠습니다. 성령님께 기대어 편하게 따라오세요.

큐티의 정의

큐티는 1800년대 영국 캠브리지대학의 학생들이 시작한 경건 훈련 운동입니다. 세속적인 경향에 흘러 떠내려가지 않도록 매일 시간을 정해 성경을 읽고 기도함으로써 거룩한 삶을 지켜 나가자는 취지로 시작되어 지금까지 이어지고 있습니다. 그들은 이 경건 훈 련을 '경건의 시간'(Quiet Time)이라고 불렀습니다.

큐티는 하나님의 말씀을 묵상하는 경건 훈련입니다. 즉, 말씀 속 에서 성령님과 대화하고, 삶 속에서 주님과 동행하며 말씀 속에서 만난 하나님, 삶 속에서 만난 하나님을 증거하는 경건 훈련입니다.

더 구체적으로 표현하면, 큐티는 말씀 속에서 '만나'(오늘 나에게 주시 는 말씀의 씨앗으로 성령님과의 대화의 화두가 됨, 2장에서 자세히 다룰 예정)를 찾아 성령님과 대화(묵상)하고, 그때 들려주신 말씀대로 순종(적용)하고, 그 과정에서 만난 하나님을 증거하는 것입니다.

안타깝게도 우리는 "큐티는 말씀 묵상이다"라고 무심코 말하고 들려진 말로 인해 말씀을 삶에서 순종하는 '적용'과 큐티를 통해 만난 하나님을 전하는 '증거'를 많이 외면해왔습니다. 그러나 이제부터라도 우리가 묵상뿐 아니라 적용과 증거까지 균형 있게 성장시켜 나가기를 소망합니다.

말씀은 '예수 그리스도'이십니다. 그러므로 성경말씀을 묵상하는 것은 예수님을 묵상하는 것입니다.

"말씀이 육신이 되어 우리 가운데 거하시매 우리가 그의 영광을 보니 아버지의 독생자의 영광이요 은혜와 진리가 충만하더라." 요한복음 1:14

그러면 '묵상'은 무엇인가요? 흔히 묵상이라고 하면, 그 단어의 사전적 뜻을 따라 '명상'이나 '생각'을 먼저 떠올립니다. 그래서 말씀을 묵상하는 것을 말씀을 생각하거나 예수님을 생각하는 것으로만 여기는 경향이 강합니다. 하지만 큐티의 근본적 정의만 보아도 말씀을 묵상하는 것은 주님과 만나 '교제'하는 것을 의미합니다.

교제는 서로 바라보고 생각하는 것만으로 이루어지지 않습니다. 서로 대화하며 이루어집니다. 묵상(meditation)을 '대화'(3장에서 자세히 다룰 예정)의 개념으로 볼 때, 말씀을 묵상하는 것은 주님과 대화하는 것입니다. 더 실질적으로는 예수님이 승천하신 후, 약속하신 대로 보내주신 진리의 성령님과 대화하는 것입니다. 성령님과 대화하면 예수님을 알고 만나게 됩니다. 성령님은 예수 그리스도를 증언하시는 분이기 때문입니다.

> "내가 아버지께로부터 너희에게 보낼 보혜사 곧 아버지께로부터 나오시는 진리의 성령이 오실 때에 그가 나를 증언하실 것이요." 요한복음 15:26

우리가 말씀을 읽으면서 화두(만나)를 찾아 성령님과 대화하는 것에 익숙해지면, 일상에서도 자연스럽게 성령님과 대화할 수 있게 됩니다. 성령님이 말씀하신 것을 듣고 순종하면, 예수님과 친밀하게 교제하게 되고 하나님과 한결같이 동행하는 삶을 살게 됩니다.

큐티는 경건 훈련이므로 세상에서 하는 훈련과 다릅니다. 당연하게도 가장 다른 특징은 '경건'이라는 단어에서 찾아볼 수 있습니다. 경건(godliness)은 '하나님께 속하다'라는 의미입니다. 그러므로 우리는 큐티를 하는 모든 과정에서 성령님의 인도하심을 받아야 합니다. 이것은 끊임없이 성령님과 대화하는 것을 의미합니다. 그리고 '훈련'은 일정한 목표나 기준에 도달할 수 있도록 만드는 실제적 교육 활동이므로 큐티를 할 때 우리는 반복적, 지속적, 단계적으로 성실히 훈련에 임해야 합니다. 늘 내가 훈련 과정에서 이탈할 수 있다는 것을 자각하며 경건에 이르도록 자신을 단련해야 합니다.

"망령되고 허탄한 신화를 버리고 경건에 이르도록 네 자신을 연단하라." 디모데전서 4:7

큐티의 목적

큐티를 하는 목적은 성부 하나님, 성자 예수님, 성령 하나님과 만나기 위함입니다. 그래서 큐티는 성경 지식을 배우는 성경 공부와 다릅니다. 물론 큐티를 통해서도 성경 지식이 쌓입니다. 그러나 그것은 부수적인 결과이고, 주된 목적은 '하나님을 인격적으로 만나는 것'입니다.

만남의 의미를 폭넓게 볼 때, 길에서 스쳐지나간 것도 만남이고 책을 읽으며 저자를 만나는 것도, 유튜브를 통해 유명 강사나 예술가를 만나는 것도 다 만남입니다. 멀리서 봐도, 가까이에서 봐도 내가 보았다면 만남이라고 할 수 있습니다. 하지만 인격적 만남은 그렇지 않습니다. 단순한 만남을 넘어 '교제'가 이루어져야 합니다.

교제라는 말은 '서로 사귀어 가까이 지내는 것'을 뜻합니다. 우리는 가깝게 오래 사귄 사람을 '친구'라고 부릅니다. 지금 당신의 친한 친구를 떠올려 보세요. 그와 어떻게 친해지셨나요? 우리가 친구를 사귀는 방법은 순차적으로 일어납니다. 처음에는 만나서 바라보다가 대화를 하고, 그 대화는 만남의 횟수가 잦아질수록 깊어집니다. 이렇듯 '만남'이 '교제'가 되기 위해서는 '대화'가 필요합니다.

대화 없이는 만남이 지속될 수 없고, 교제가 친밀해질 수 없습니다. 대화를 해야 서로에 대해 깊이 알 수 있습니다.

교제는 함께 먹고 마시며 즐거워하는 것에서 더 나아가 하나가 되는 연합을 이룹니다. 그러므로 일회성, 단기성 교제는 적절치 않습니다. 저는 말씀을 묵상하며 말씀 속에서 주님을 만난 것으로 교제를 끝내는 것을 '일회성 교제'라 부르고 싶습니다. 왜냐하면 삶에서도 주님을 만나 교제해야 하기 때문입니다. 마찬가지로 예배할 때만, 기도할 때만, 삶 속에서만 하나님을 만나 교제하는 것 역시 온전한 교제라 할 수 없습니다. 우리는 쉼 없이, 단절 없이 주님과 늘 교제해야 하며 이것은 하나님과의 '동행'을 의미합니다. 어디를 가든 무엇을 하든 성령님과 함께 가고 함께 하는 것입니다.

이 모든 내용을 다시 정리하면, 큐티의 목적은 하나님과의 만남입니다. '만남'은 성령님과의 대화를 통해 하나님과 친밀하게 인격적으로 '교제'함으로써 그분과 한결같이 '동행'하는 것입니다.

지적 만족을 위한 큐티

여기서 잠시 하나님과의 만남을 방해하는 것에 대해 알아보려고 합니다. 그것은 바로 우리의 지적 욕구입니다. 우리는 큐티할 때 '지적 만족'에 빠지는 것을 주의해야 합니다.

사람은 본래 알고 싶어 하는 지적 욕구가 크고, 또 우선적입니다. 뱀이 하와를 어떻게 유혹했는지를 떠올려 보세요. 사탄은 선악을 알고 싶어 하는 인간의 지적 욕망을 건드렸습니다.

> "뱀이 여자에게 이르되 너희가 결코 죽지 아니하리라 너희가 그것을 먹는 날에는 너희 눈이 밝아져 하나님과 같이 되어 선악을 알 줄 하나님이 아심이니라 여자가 그 나무를 본즉 먹음직도 하고 보암직도 하고 지혜롭게 할 만큼 탐스럽기도 한 나무인지라…" 창세기 3:4-6

예전에 저 역시 종종 이러했습니다. 큐티를 하다가 지적 욕구가 채워지면 거기에 만족하고 큐티책을 덮었습니다. 성령님을 홀로 남겨둔 채, 그 자리를 떠났습니다.

우리는 '예수님에 대해' 새롭게 깨달은 것에 마음을 빼앗겨 스스로 감격하느라 정작 '예수님'을 외면하는 잘못을 범해서는 안 됩니다. 이런 큐티가 습관이 되면 지식에만 머물러 있게 됩니다. 우리는 지적 만족을 뛰어넘어 성령님과 대화하며 하나님을 만나고, 그분의 마음을 아는 데까지 나아가야 합니다.

큐티에 대한 부정적 인식

큐티를 부정적으로 여기고 권하지 않는 사람들도 있습니다. 성경의 이해나 배경에서 벗어나 자의적으로 해석할 수 있다는 우려 때문입니다. 그러나 큐티의 부정적인 면과 성경의 이해만을 앞세워 주장하다 보면, 하나님과의 친밀한 교제를 놓칠 수 있습니다. 그러니 우리가 어느 한 가지만 고집하지 않길 원합니다. 성경을 읽고 배우는 것만으로 선을 긋지 말고, 큐티를 하면서 성령님께 말씀을 바르게 이해할 수 있도록 구하고, 말씀 가운데 자라게 하실 하나님을 신뢰하길 원합니다.

물론 성경본문의 뜻에서 벗어나는 개인적 해석과 적용은 지양해야 합니다. 우리는 스스로를 속이고 합리화해서는 안 됩니다. 내 기분과 감정, 내 생각이 아닌 베뢰아 성도들처럼 간절한 마음으로 말씀을 받고 이것이 그러한가 하여 날마다 성경을 상고(사도행전 17:11)해야 합니다.

큐티하는 것을 옳고 그름으로 판단하기보다는 어리고 미숙한 아들 솔로몬을 위해 다윗이 성전 건축에 필요한 재료를 충분히 준비해준 것처럼(역대상 22:5), 아직 젖먹이와 같은 성도들에게 하나님과 친밀하게 교제하는 방법을 알려 주는 것이 더 지혜롭지 않을까 생각합니다. 큐티에 대한 부정적 인식을 버리고 내가 만난 하나님을 서로 나누며 교제하다 보면, 다 함께 성장해나갈 수 있을 것입니다.

갓난아기는 젖을 먹는 등 따스한 돌봄 가운데 부모를 인식하고 친밀해집니다. 그리고 점차 부모와 소통하고 대화하게 됩니다. 하지만 부모의 마음을 다 알고 이해하기까지는 시간이 걸립니다. 성도도 마찬가지입니다. 예수님을 영접하고 거듭나면, 처음에는 갓난아기와 같아 순전하고 신령한 젖을 먹으며 성령님과 교제하기 시작합니다. 처음에는 젖만 먹다가 점차 단단한 음식, 즉 의의 말씀을 경험하며 성령님과 친밀해지고, 성령님이 가르쳐 주시는 예수님과 그분의 말씀을 알아가게 됩니다. 하지만 성경 전체에 대한 바른 이해와 해석, 하나님의 마음을 알기까지는 다소 시간이 걸립니다.

비록 시간이 걸리더라도 우리가 매 순간 성령님과 대화하며 친밀히 동행해나간다면, 점차 성경을 바르게 이해하고 하나님의 마음을 알아가게 될 것입니다. 성경말씀을 아는 것과 말씀 속에서 하나님을 만나는 것이 어느 한쪽으로 치우치지 않게 될 것입니다.

큐티의 방법

큐티의 방법은 총 4단계입니다. 각 단계를 따라 훈련하면 큐티가 더 이상 어렵거나 추상적이지 않습니다. 각 단계에 대한 자세한 내용은 2-5장에서 다룰 예정입니다.

큐티의 방법 4단계

1. 만나찾기: 말씀을 읽으며 묵상을 위한 만나를 찾습니다.
2. 묵상하기: 찾은 만나로 성령님과 대화를 나눕니다.
3. 적용하기: 적용을 위해 성령님과 대화하고, 삶에서 순종합니다.
4. 증거하기: 말씀 속에서, 삶 속에서 만난 하나님을 증거합니다.

큐티의 결과

큐티를 했을 때에 얻는 첫 번째 결과는 하나님을 만나 친밀한 교제 가운데 기뻐하는 것입니다. 이것은 큐티의 목적인 하나님과의 만남으로 인해 얻는 가장 큰 결실이며 즉각적으로 나타나는 결과이기도 합니다. 우리는 눈에 보이는 변화나 결과에 앞서 하나님과의 만남 그 자체만으로 만족하고 감사할 수 있어야 합니다. 하나님을 기뻐하는 것은 성도의 삶에 가장 우선되는 하나님의 뜻입니다.

"…여호와를 기뻐하라…." 시편 37:4

두 번째 결과는 큐티의 정의대로 경건 훈련을 통해 열매를 맺고 새롭게 되는 것입니다. 구체적으로 불의, 부정과 부패, 불신앙과 불순종 등 속되고 경건하지 않은 모든 것으로부터 자신을 지켜 주님의 정결한 신부로 단장되는 것입니다. 죄와 사탄, 세상 정욕과의 싸움에서 피 흘리기까지 대항하여 믿음을 지키는 강한 용사로 세워지는 것입니다.

세 번째 결과는 "말씀을 읽고, 듣고, 지키는 자는 복이 있다"고 하신 말씀대로 우리가 복을 받는 것입니다.

"이 예언의 말씀을 읽는 자와 듣는 자와 그 가운데에 기록한 것을 지키는 자는 복이 있나니 때가 가까움이라." 요한계시록 1:3

그 복은 죄의 길을 떠나 의의 길을 걷는 것입니다.

"복 있는 사람은 악인들의 꾀를 따르지 아니하며 죄인들의 길에 서지 아니하며 오만한 자들의 자리에 앉지 아니하고 오직 여호와의 율법을 즐거워하여 그의 율법을 주야로 묵상하는도다 그는 시냇가에 심은 나무가 철을 따라 열매를 맺으며 그 잎사귀가 마르지 아니함 같으니 그가 하는 모든 일이 다 형통하리로다." 시편 1:1-3

또한 큐티를 하면 형통합니다. 어디서 무엇을 하든 하나님의 뜻이 이루어집니다. 이것이 바로 형통의 진정한 의미입니다. 아무리 감옥 같고, 광야 같은 곳이라 할지라도 하나님과 동행하면 그곳에 있게 하시는 하나님의 뜻이 이루어집니다. 하나님이 함께 하시기 때문입니다.

"이 율법책을 네 입에서 떠나지 말게 하며 주야로 그것을 묵상하여 그 안에 기록된 대로 다 지켜 행하라 그리하면 네 길이 평탄하게 될 것이며 네가 형통하리라." 여호수아 1:8

네 번째 결과는 변화와 성장을 경험하는 것입니다. 우리의 내면이 변화되고 성장하면, 마음의 상처가 치유되고 부정적 감정에서 자유해집니다. 영혼육이 회복됩니다. 예배자로서, 하나님의 자녀로서, 하나님 나라 백성으로서, 주의 종으로서의 정체성과 그에 따른 자존감, 신분의식, 사명이 세워지고 회복됩니다. 젖먹이에서 어린 아이로, 어린아이에서 장성한 자로 성장하여 속사람이 강건해집니 다. 예수 그리스도 중심의 사람으로 성장합니다. 사랑과 희락과 화 평과 오래 참음과 자비와 양선과 충성과 온유와 절제(갈라디아서 5:22-23)를 소유한 성령의 사람으로 성숙해집니다.

이와 같이 내면이 성숙해지면 삶도 변화됩니다. 먼저 그의 나라 와 그의 의를 구하는 삶, 하나님 나라 중심의 삶, 복음에 합당한 삶 으로 변화됩니다. 큐티를 통해 나타나는 변화와 성장은, 결국 우리 가 예수 그리스도를 닮아가는 것이고 그분을 따르는 것입니다. 그 리스도의 장성한 분량이 충만한 데까지 이르는(에베소서 4:13) 것입니 다. 이러한 성장은 하나님을 사랑하고 이웃을 사랑하는 모습으로 증거될 것입니다.

큐티의 결과에 마음을 빼앗기지 말아야 하는 이유

때때로 큐티하는 것을 포기하거나 큐티모임을 떠나는 경우가 있습니다. 가장 큰 이유는 '열매' 때문입니다. 큐티의 열매가 단번에 열리지 않고 달지도 않을 때, 다른 말로 큐티의 결과가 눈에 띄게 나타나지 않을 때, 우리는 흥미를 잃고 맙니다. 순종해야 열매가 맺 히는데 그것이 쉽지 않으니 이내 포기하고 맙니다. 단번에 변화되 지 않고 성장하지 않으니 자기 자신에게 낙담하고 맙니다.

큐티를 통해 달고 풍성한 열매를 얻으려면 무엇보다 '인내'가 필요합니다. 땅에 뿌려진 씨앗이 자라 결실하기까지 농부의 땀과 수고, 기다림이 필요하듯 말입니다. (물론 땅도 좋아야 합니다. 우리는 경험과 지식, 철학과 논리, 이론과 고정관념 등으로 단단해진 마음 밭을 기경해야 합니다.)

인내하며 기다리면, 반드시 좋은 열매를 맺을 수 있습니다. 그러면 그때까지 어떻게 참고 인내해야 할까요? 바로 큐티의 목적인 하나님과의 만남에서 얻는 기쁨을 매 순간 누리면 됩니다. 그것이 진정 하나님의 얼굴을 구하는 삶입니다. 그러니 큐티의 결과에 너무 마음을 빼앗기지 말고, 결과보다 그 과정이 귀하고 유익함을 경험하면서 하루하루 기쁘게 나아가시길 바랍니다.

큐티에 필요한 요소

내적 요소

큐티에 필요한 내적 요소는 먼저 주님을 만나기 원하는 진실한 마음입니다. 삭개오는 예수님을 보기 위해 앞서 달려 나가 나무 위로 올라갔습니다. 주를 향한 갈망으로 자신의 문제를 뛰어넘은 것입니다(누가복음 19:2-4). 우리도 이렇듯 예수님을 만나기 원하는 갈급한 마음과 하나님을 찾고 구하는 간절한 마음으로 큐티를 방해하는 장애물들을 모두 뛰어넘을 수 있기를 소망합니다.

우리가 품어야 할 마음을 구체적으로 표현하면 성령님의 음성을 듣고 대화하길 갈망하는 마음, 하나님의 말씀을 지켜 행하길 원하는 순종의 마음, 하나님을 전하고 싶은 증인의 마음, 주님과 친밀하게 교제하고 동행하길 원하는 벗의 마음, 하나님의 다스림을 받기 원하는 백성의 마음, 주께 순복하기 원하는 종의 마음, 예수님을 닮아가며 따라가길 원하는 제자의 마음입니다.

우리에게는 이러한 마음뿐 아니라 주님의 주권을 전적으로 신뢰하는 믿음 역시 필요합니다. 큐티를 통하여 하나님의 말씀이 반드시 이루어진다는 믿음, 그리스도와 함께 승리한다는 믿음 말입니다.

외적 요소

가장 필요한 외적 요소를 간략히 정리하면 '매일, 조용한 시간, 구별된 장소'입니다. 큐티는 경건 훈련이므로 매일 훈련할 시간과 장소를 정하는 것이 중요합니다.

"예수께서 나가사 습관을 따라 감람 산에 가시매…." 누가복음 22:39

"새벽 아직도 밝기 전에 예수께서 일어나 나가 한적한 곳으로 가사 거기서 기도하시더니." 마가복음 1:35

예수님은 습관을 따라 이른 시간(새벽 아직도 밝기 전)에 구별된 장소(한적한 곳)로 가셔서 하나님 아버지와 교제하셨습니다. 우리도 이 예수님의 본을 따라 행하길 원합니다.

그런데 왜 '매일 아침'에 큐티하는 것이 좋을까요? 우리는 '만나'에서 그 이유를 찾아볼 수 있습니다. 이스라엘 백성들은 하늘 양식인 만나를 거두기 위해 이른 아침에 들로 나갔습니다. 해가 떠서 뜨겁게 쪼이면 만나가 다 녹아 버렸기 때문입니다(출애굽기 16:21, 새번역). 큐티를 아침에 하는 이유도 이와 같습니다. 하루를 시작할 때에 오늘 필요한 영혼의 양식을 공급받아 그날 하루를 하나님의 뜻대로 살기 위함입니다.

우리는 다음 말씀에서 아침에 큐티를 하는 또 다른 이유를 찾을 수 있습니다.

"아침에 나로 하여금 주의 인자한 말씀을 듣게 하소서 내가 주를 의뢰함이니이다 내가 다닐 길을 알게 하소서 내가 내 영혼을 주께 드림이니이다." 시편 143:8

다윗은 아침에 주의 말씀을 듣고 그 말씀대로 하루를 살았습니다. "주의 말씀은 내 발에 등이요 내 길에 빛"(시편 119:105)이심을 믿었기 때문입니다. 우리도 다윗의 믿음을 따라, 아침에 주의 음성 듣기를 갈망하며 하루를 어떻게 살아가고, 또 어떤 길을 가야 할지 인도해주는 주의 말씀을 붙들기를 소망합니다.

또 다른 외적 요소는 시간입니다. 대부분 시간이 없고 바빠서 큐티를 못한다고 하는데, 하루 24시간을 돌아볼 때, 20-30분은 결코 내기 힘든 시간이 아닙니다. 솔직히 시간을 정하지 못하는 이유는 내 마음의 원함과 우선순위의 문제가 아닐까요? 먼저 주를 향한 나의 마음과 삶의 우선순위를 점검한 후, 점점 시간을 늘리며 꾸준히 큐티를 훈련해나가시길 권면합니다.

매일 조용한 시간에 구별된 장소에서 큐티를 하는 것이 가장 좋지만, 이것이 훈련되기까지 상황에 맞춰 변화를 둘 수 있습니다. 직장인이라면 점심시간을 활용할 수 있고, 잠자기 전에라도 한다면 안 한 것보다 낫습니다. 다음 날 새벽이나 아침에 큐티할 수 없는 상황을 미리 안다면 전날 밤에 미리 할 수도 있습니다. 차 안이나 공원에서도 할 수 있습니다. 이삭은 들에 나가 거닐면서 주님을 묵상하기도 했습니다.

> "이삭이 저물 때에 들에 나가 묵상하다가 눈을 들어 보매 낙타들이 오는지라." 창세기 24:63.

큐티에 필요한 또 다른 외적 요소는 성경책이나 큐티책, 노트, 필기도구입니다. 큐티책을 활용하면, 매일 적절한 분량을 할 수 있고 신구약을 균형 있게 볼 수 있어 좋습니다. 뿐만 아니라 따로 노트를 준비하지 않아도 기록할 공간이 있어 편리합니다. 기록은 가만히 앉아 생각만 하는 우리의 정적인 자세를 깨뜨려 성령님과의 대화에 집중할 수 있도록 도와주므로 꼭 펜을 들고 큐티할 것을 권합니다. 기록하며 큐티하는 것은 소리 내어 대화하듯 성령님과 대화하는 아주 좋은 방법입니다.

지금까지 우리는 큐티의 정의와 목적, 방법과 결과, 큐티에 필요한 요소에 대해 살펴보았습니다. 그 중 큐티의 방법인 '만나찾기 → 묵상하기 → 적용하기 → 증거하기'의 각 단계별 훈련 과정을 다음 2장부터 5장까지 면밀히 살펴보겠습니다.

만나찾기

광야에는 반드시 만나가 있다

큐티의 방법은 4단계로 '만나찾기 → 묵상하기 → 적용하기 → 증거하기'입니다.

이번 장에서는 그 첫 번째 단계인 '만나찾기'에 대해 알아보려고 합니다. 간단히 말해 '만나찾기'는 큐티하는 본문말씀에서 오늘 나에게 주시는 말씀의 씨앗인 만나를 찾는 것입니다. 만나는 성령님과 나눌 대화의 화두가 됩니다.

아직은 큐티에서 만나라는 개념이 낯설 수 있으므로 먼저 그 옛날 광야에 내린 만나 이야기로 시작하려고 합니다.

만나란 무엇인가

만나는 하나님께서 이스라엘 백성을 애굽 땅에서 인도하여 내신 후, 광야에서 먹이신 양식입니다.

"···너희가 해질 때에는 고기를 먹고 아침에는 떡(bread)으로 배부르리니 내가 여호와 너희의 하나님인 줄 알리라 하라 하시니라 저녁에는 메추라기가 와서 진에 덮이고 아침에는 이슬이 진 주위에 있더니 그 이슬이 마른 후에 광야 지면에 작고 둥글며 서리 같이 가는 것이 있는지라 이스라엘 자손이 보고 그것이 무엇인지 알지 못하여 서로 이르되 이것이 무엇이냐 하니 모세가 그들에게 이르되 이는 여호와께서 너희에게 주어 먹게 하신 양식이라 ··· 이스라엘 족속이 그 이름을 만나라 하였으며 깟씨 같이 희고 맛은 꿀 섞은 과자 같았더라." 출애굽기 16:12-15,31

매일 아침 이슬이 마른 후, 이스라엘의 진 주변에는 작고 둥글며 가는 서리 같은 것이 있었습니다. 그것은 만나였습니다.

이스라엘 백성은 만나를 '깟씨' 같다고 표현하는데, '깟'은 히브리어로 'gad'(가드)를 음역한 것이고, 깟씨는 깟이라는 식물의 씨앗을 뜻합니다. 깟이라는 식물은 잎이 푸를 때에 빈대 냄새가 난다고 하여 빈대풀이라고도 불리는 고수를 가리킵니다. 중국에서는 향채, 일본에서는 고엔도로라고 불리며 동남아 일대에서 향신료로 많이 사용되는 재료입니다. 그 열매는 황갈색으로 익으면 아주 달콤하고 매혹적인 향기가 납니다. 고수의 씨앗에서 만나의 흔적을 느낄 수 있다고 생각하니 왠지 더 친숙하게 다가옵니다.

처음에 이스라엘 백성들은 광야 지면에 내린 이 깟씨 같은 것을 보고 의아해 서로 "이것이 무엇이냐?"고 물었습니다. 그렇게 물은 질문이 만나(manna)라는 이름이 되었습니다. 즉, 만나의 뜻은 "이것이 무엇이냐?"입니다.

하나님이 비처럼 내려 주신 만나는 하늘에서 내려온 떡이므로 하늘 양식이었고, 비 같이 내려 주셨으므로 흡족한 양식이었습니다. 하늘에 속한 것이므로 속되지 않은 신령한 양식이었고, 기근이 없는 하늘로부터 온 것이므로 끊이지 않는 양식이었습니다.

만나와 묵상할 말씀과의 관계

오늘 나에게 주시는 묵상할 말씀의 씨앗이 만나라면 묵상할 말씀과 만나와의 관계는 무엇일까요?

이스라엘 백성이 애굽에서 종살이한 것은 세상에서 죄에 종노릇 하는 것을, 그리고 그들이 애굽에서 나와 가나안을 향해 행진한 것은 예수님을 만나 거듭난 성도가 천국을 향해 나아가는 것을 상징합니다. 세상을 상징하는 애굽에서 나온다는 것은, 예수 그리스도를 믿음으로 죄에서 해방되어 종의 신분이 자유인의 신분으로 변화되는 것을 의미합니다. 세상에 속한 자가 하나님 나라에 속한 자가 되는 것을 의미합니다. 즉, 예수 그리스도로 말미암아 성령으로 거듭난 영의 사람이 되는 것입니다. 이때 다시 태어난 성도는 영적 젖먹이로 날마다 영의 양식을 먹고 성장해야 합니다. 성장하지 않고 젖먹이로 머물러 있는 것은 하나님 아버지의 마음을 아프게 하는 것입니다.

영의 사람이 먹어야 하는 영의 양식은 바로 '만나'입니다. 우리는 하나님이 하늘에서 내려 주시는 만나, 즉 하나님의 말씀을 먹으며 자라가야 합니다. 하나님의 입으로부터 나오는 모든 말씀이 생명을 주어 자라게 하는 떡입니다. 생명의 떡인 만나를 먹는 것은 말씀을 먹는 것이고, 말씀이 육신이 되어 오신 예수님과 교제하는 것입니다. (그래서 큐티를 '하나님이 차려 주신 상에서 생명의 양식을 풍성히 먹으며 예수님과 교제하는 것'이라고 정의하기도 합니다.)

그러면 예수님과 교제한다는 것은 어떤 의미일까요? 그것은 하나님의 말씀이자 영의 양식인 만나를 취하여 성령님과 대화하며 주님의 마음을 알고, 주님의 뜻을 분별하여 순종하고, 주님과 더욱 친밀해지는 것을 말합니다. 그래서 결국 주님과 연합하여 동행하는 것을 의미합니다.

따라서 '만나찾기'란 예수님과의 교제를 위한 말씀을 찾는 것이고, 성령님과의 대화를 위한 이야깃거리, 즉 화두를 찾는 것입니다. 사실 설명만으로 만나찾기를 다 이해하기란 쉽지 않습니다. 그래서 이제부터는 만나찾기의 구체적인 방법들과 예시들을 통해 더 쉽게 이해할 수 있도록 하겠습니다. 먼저 본문말씀에서 만나를 찾는 방법에 대해 알아보겠습니다.

본문말씀을 읽으면서 만나찾기

만나찾기 단계에서 만나를 찾는 주체는 누구일까요? 전적으로 '나'인 것 같지만 결코 그렇지 않습니다. 보혜사 성령님과 함께입니다. 우리는 큐티할 본문말씀에서 만나를 찾기에 앞서 성령님이 우리와 함께 하심을 분명히 인식해야 합니다.

"…보혜사를 너희에게 주사 영원토록 너희와 함께 있게 하리니 … 보혜사 곧 아버지께서 내 이름으로 보내실 성령 그가 너희에게 모든 것을 가르치고…." 요한복음 14:16,26

"…보혜사 곧 아버지께로부터 나오시는 진리의 성령이 오실 때에 그가 나를 증언하실 것이요." 요한복음 15:26

큐티를 시작하기 전에 먼저 성령님의 인도하심을 구하며 기도와 찬송할 것을 권합니다. 감옥에 갇힌 바울과 실라가 기도하고 찬송할 때에 매인 것이 풀리고 닫힌 것이 열렸듯(사도행전 16:25-26), 성령님과 아무 제한 없이 대화할 수 있도록 우리의 매인 것이 풀리고 닫힌 것이 열려야 하기 때문입니다.

성경을 가지고 큐티할 때는 먼저 적절한 분량을 정해야 합니다. 성경에 표시된 소주제를 참고하여 정하되 처음에는 짧게 정하는 것이 좋습니다. 큐티책을 활용하면 매일 적절한 분량이 제시되어 나오므로 편리합니다.

오늘 큐티할 본문말씀의 분량을 정했다면, 이제 본격적으로 만나를 찾아보겠습니다. 먼저 정한 본문말씀을 오늘 내가 거둘 만나가 내린 들이라고 여기고 나가보세요. 본문말씀을 읽는 것은 성령님과 함께 만나가 내린 들을 거니는 것을 의미합니다.

본문말씀을 읽을 때는 천천히 여러 번 읽습니다. 오늘 내가 찾을 만나가 무엇인지 성령님께서 가르쳐 주실 때까지 들어야 하기 때문입니다. 나 혼자 만나를 찾겠다고 빨리 걸어가면, 성령님의 음성을 듣지 못하고 자기 중심적인 큐티를 할 수밖에 없습니다.

천천히 한 단어, 한 구절 시선을 집중하여 본문말씀을 읽다 보면, 성령님이 특별히 마음에 감동을 주시는 말씀(단어, 구절, 단락 등)이 있습니다. 눈이 고정되고 마음이 움직이는 말씀이 있습니다. 그것이 바로 만나이고, 우리는 찾은 만나를 거두어 '만나찾기'의 다음 단계인 '묵상하기'로 나아갈 수 있습니다.

만나찾기 8가지 방법과 예시

지금까지 우리는 본문말씀에서 만나를 찾는 과정을 함께 알아보았습니다. 저는 이 과정을 따라 큐티하면서 만나를 찾는 다양한 방법과 규칙들을 발견하게 되었습니다. 그 중 대표적인 것들을 정리한 것이 다음에 나오는 '만나찾기 8가지 방법'입니다.

만나찾기 8가지 방법

1. 단어 찾기
2. 반복 문구 찾기
3. 사전, 쉬운말번역성경, 영어성경 찾기
4. 비교 문구 찾기
5. 수식어 찾기
6. 숫자 개념 찾기
7. 감각 개념 찾기
8. 성경 속 인물 찾기

이제부터 시편 23편을 본문말씀으로 하여 만나찾기 8가지 방법에 대해 하나하나 자세히 알아보겠습니다. 각 방법마다 나오는 예시에서 먼저 '만나찾기'를 중심으로 보고, 그 찾은 만나가 '묵상하기'에서 어떻게 성령님과의 대화로 이어지는지를 확인해보세요. '묵상하기'에 대한 내용은 다음 3장에서 자세히 다룰 예정이므로 지금은 가볍게 읽고 넘어가도 좋습니다. 만나찾기 8가지 방법도 시즌 2에서 실질적으로 연습하며 익힐 수 있도록 구성되어 다시 나옵니다.

지금부터 다음 본문말씀을 천천히 읽어주세요.

¹여호와는 나의 목자시니 내게 부족함이 없으리로다 ²그가 나를 푸른 풀밭에 누이시며 쉴 만한 물 가로 인도하시는도다 ³내 영혼을 소생시키시고 자기 이름을 위하여 의의 길로 인도하시는도다 ⁴내가 사망의 음침한 골짜기로 다닐지라도 해를 두려워하지 않을 것은 주께서 나와 함께 하심이라 주의 지팡이와 막대기가 나를 안위하시나이다 ⁵주께서 내 원수의 목전에서 내게 상을 차려 주시고 기름을 내 머리에 부으셨으니 내 잔이 넘치나이다 ⁶내 평생에 선하심과 인자하심이 반드시 나를 따르리니 내가 여호와의 집에 영원히 살리로다

¹The LORD is my shepherd, I shall not be in want. ²He makes me lie down in green pastures, he leads me beside quiet waters, ³ he restores my soul. He guides me in paths of righteousness for his name's sake. ⁴ Even though I walk through the valley of the shadow of death, I will fear no evil, for you are with me; your rod and your staff, they comfort me. ⁵You prepare a table before me in the presence of my enemies. You anoint my head with oil; my cup overflows. ⁶Surely goodness and love will follow me all the days of my life, and I will dwell in the house of the LORD forever.

1. 단어 찾기

만나를 찾는 방법 중에 가장 기본이 되는 것은 성경말씀에서 '단어'를 찾는 것입니다.

성경은 만나를 '깟'이라는 식물의 씨앗(coriander seed, 고수의 씨앗)과 같다고 설명합니다(출애굽기 16:31). 즉, 만나는 아주 작은 씨앗을 의미합니다. 그러면 문장에서 씨앗처럼 가장 작은 단위는 무엇인가요? 바로 '단어'입니다. 씨앗은 문장에서 가장 작은 단위인 단어의 개념을 가집니다. 문장의 씨앗인 단어를 찾아 묵상하는 것은 만나찾기

방법 중 가장 기본이자, 가장 많이 사용하는 방법이므로 아주 중요합니다.

처음에 이스라엘 백성은 만나를 씨앗 채로 먹다가 후에는 만나를 모아 맷돌에 갈고 절구에 찧어(민수기 11:8) 굽거나 삶아서 먹었습니다(출애굽기 16:23). 만나를 여러 방법으로 먹은 것입니다. 이와 같이 우리는 씨앗 개념인 단어를 찾아 묵상할 수 있을 뿐 아니라 더 나아가 단어와 단어로 구성된 구절, 구절과 구절로 이루어진 문장, 문장과 문장을 연결한 단락으로 넓혀 가며 만나를 찾아 묵상할 수 있습니다. 다음 예시를 보면서 확인하세요. 본문말씀에서 찾은 만나는 '묵상하기'에서 다른 글자색으로 구분했습니다.

> **만나찾기**: 목자
> **묵상하기**: 성령님, 오늘 저는 누구의 목자가 되어 그의 부족함을 채우고, 안식하도록 도울 수 있을까요?

2. 반복 문구 찾기

만나를 찾을 때 반복되는 단어, 구절, 문장을 주의 깊게 봅니다.

일상에서 같은 말을 반복해서 하는 것은 그 내용이 중요하기 때문입니다. 성경도 마찬가지입니다. 성경말씀을 읽다 보면 반복되는 내용이 자주 눈에 들어옵니다. 이는 성경의 저자이신 성령님께서 우리가 성경을 잘 이해하고 그 말씀을 마음속 깊이, 또 오래 새기도록 '강조'하시는 내용입니다.

큐티할 때 반복 문구를 만나로 찾아 성령님께 물어보세요. 그러면 특별히 강조하여 말씀하시는 하나님의 뜻이 무엇인지를 가르쳐주실 것입니다. 다음 예시를 보면서 확인하세요.

> **만나찾기:** 인도하시는도다(2,3절)
> **묵상하기:** 성령님, 오늘 저를 인도해주실 곳은 어디인가요? 제가
> 큐티하는 자리로 인도할 친구는 누구인가요?

3. 사전, 쉬운말번역성경, 영어성경 찾기

찾은 만나의 의미를 '사전', '쉬운말번역성경', '영어성경'을 통해 다시 확인합니다.

때론 찾은 만나가 생소한 단어이거나 어렵고 이해하기 어려운 한자어인 경우가 있습니다. 그때 내가 잘 모른다고 하여 그 만나를 지나치면 안 됩니다. 분명 그것을 찾게 하신 성령님의 뜻이 있기 때문입니다. 찾은 만나의 의미를 분명히 알기 위해서는 사전(표준국어대사전, 백과사전, 성경사전 등)과 영어성경(NIV, ESV, KJV 등), 그리고 성경에 쓰여진 원어를 우리 말로 쉽게 번역하거나 문맥을 이해하기 쉽게 의역한 한글 번역본(새번역성경, 현대인의 성경 등)을 찾아보면 좋습니다.

조금은 번거롭지만 사전, 쉬운말번역성경, 영어성경으로 묵상한 말씀을 다시 확인하는 습관을 들이시길 바랍니다. 만나(단어, 구절, 문장)

의 의미를 잘 알아야 성령님께 구체적으로 질문할 수 있기 때문입니다. 다음 예시를 보면서 확인하세요.

> **만나찾기:** 안위(몸을 편안하게 하고 마음을 위로함:사전, comfort:NIV, 보살핌:
> 새번역)
> **묵상하기:** 성령님, 저는 오늘 본문말씀에서 어떤 위로를 받았나
> 요? 요즘 제가 하나님의 따뜻한 보살핌을 느끼지 못하
> 고 있는 이유는 무엇인가요?

4. 비교 문구 찾기

만나를 찾을 때 말씀 속에 나오는 비교 문구를 주의 깊게 봅니다. 비교란, 둘 이상의 사물을 견주어 서로 간의 유사점, 차이점, 일반 법칙 따위를 고찰하는 것입니다(표준국어대사전).

성경말씀을 읽다 보면 서로 비슷하거나 달라서 비교가 되는 문구가 많이 나옵니다. 예를 들어, 하나님 나라와 세상, 하나님과 사람, 사람이나 사물, 시간과 공간, 사고(명사)와 행동(동사), 영혼육의 일 등입니다.

여러 비교 문구를 찾아 이들의 공통점과 다른 점을 생각하고, 거기서 발견한 다양한 관점을 붙들고 성령님과 대화를 나누어 보세요. 그러면 어떻게 살아야 하는지, 무엇을 택해야 하는지 등 구체적인 행동과 삶의 방향을 가르쳐 주실 것입니다. 다음 예시를 보면서 확인하세요.

5. 수식어 찾기

만나를 찾을 때 문장에서 수식어(꾸밈말)를 주의 깊게 봅니다. '수식어'는 표현을 아름답고 강렬하게, 또는 명확하게 하기 위하여 꾸미는 말입니다(표준국어대사전).

문장 안에서 수식어는 생략을 해도 문법에 아무 지장이 없지만 성경에서 수식어는 성령님께서 강조하시기 위해 더 자세히 설명하신 것이므로 눈여겨봐야 합니다. 수식어를 찾아 묵상하면 성경 속 배경과 상황을 더 세밀하게 알 수 있습니다.

없어도 되지만 있으면 더 확실한 수식어를 만나로 찾아 성령님께 물어보세요. 성령님과의 교제에서 더 큰 즐거움을 누릴 수 있을 것입니다. 다음 예시를 보면서 확인하세요.

6. 숫자 개념 찾기

만나를 찾을 때 숫자 개념을 가진 문구를 주의 깊게 봅니다.

성경을 읽다 보면 숫자가 많이 나온다는 것을 쉽게 알 수 있습니다. 시간, 기간, 나이, 개수, 길이, 너비, 분량 등을 다 포함하고 있는 숫자 개념은 본문말씀에 나오는 그대로 해석되기도 하고, 상징적으로 해석되기도 합니다. 또한 숫자로 표현될 뿐 아니라 '지금부터', '때', '영원', '마지막' 등 문구로 표현되기도 합니다.

숫자 개념을 가진 문구를 만나로 찾아 성령님께 물어보세요. 그러면 그것이 어떻게 성경적 관점으로 해석되고, 어떻게 삶에 실제적, 구체적으로 적용되는지를 가르쳐 주실 것입니다.

> **만나찾기:** 평생, 영원히
> **묵상하기:** 성령님, 제가 이 세상에서 평생 살 것처럼 행동하는 이
> 유는 무엇인가요? 영원히 살아야 할 천국을 소망하기
> 위해 가장 먼저 바꾸어야 할 인식은 무엇인가요?

7. 감각 개념 찾기

만나를 찾을 때 모든 감각(시각, 청각, 후각, 미각, 촉각)을 총동원합니다. 제한을 두지 않고 마음을 열어 믿음으로 찾습니다. 전인격(지정의)을 다합니다. 우리는 보고 듣는 것뿐 아니라 냄새와 맛, 피부에 닿는 느낌까지도 그것이 무엇을 뜻하는지 성령님께 물어야 합니다.

하나님께서 주신 감각을 제한 없이 사용하면, 영적으로 민감해져 영적 분별력과 영적 통찰력이 더욱 깊어집니다. 모든 감각으로 성령님과 친밀해지면, 영적으로 민첩해져 마음이 부드러워지고 죄를 짓더라도 속히 회개하여 주께 돌아올 수 있습니다. 죄를 지은 후에 얼마나 빨리 하나님께 돌아오느냐가 그 사람의 영적 힘입니다. 다음 예시를 보면서 확인하세요.

만나찾기: 내게 상을 차려 주시고(시각, 후각), 기름을 내 머리에 부으셨으니(후각, 촉각), 내 잔이 넘치나이다(시각)

묵상하기: 성령님, 제게 넘치도록 부어 주시는 주님의 은혜에 감사하며 주께 받은 것을 이웃들에게 나누길 원합니다. 오늘 제가 그들에게 나눌 상, 기름, 잔은 무엇인가요?

8. 성경 속 인물 찾기

만나를 찾을 때 성경 속에 나오는 등장인물을 찾아 주의 깊게 봅니다.

성경에는 수많은 인물들이 등장하고 그들을 통해 이야기가 펼쳐집니다. 이렇게 인물들이 나오는 본문을 큐티할 때는 그 인물에 자기 자신을 대입해 그들의 언행심사를 점검하고 태도와 동기를 살펴봅니다. 단순히 말씀을 읽는 것보다 내가 직접 '성경 속 현장'으로 들어가 그 인물을 경험하면 더 실제적으로 관찰할 수 있습니다.

만나로 찾은 인물 옆에 서 보세요. 무엇이 느껴지나요? 그 누구보다 하나님, 예수님, 성령님이 나오시면 그 곁에 가까이 다가가도록 합니다. 그러면 지금 내가 따라야 할 것과 버려야 할 것을 가르쳐 주실 것입니다. 다음 예시를 보면서 확인하세요.

> **만나찾기:** 목자, 주, 나, 원수
> **묵상하기:** 성령님, 제 목자가 계신 푸른 풀밭과 쉴 만한 물가와 제 원수가 이끄는 사망의 음침한 골짜기 중에 제 영혼이 안전한 곳은 주되신 목자 곁인데, 왜 나는 음침한 골짜기에 머물러 있나요? 왜 거기서 나오지 못하고 있나요?

지금까지 우리는 큐티의 방법 첫 단계인 '만나찾기'에 대해 살펴보았습니다. 다시 한 번 정리하면, 만나찾기는 성령님과의 대화를 위한 이야깃거리, 즉 화두를 찾는 것입니다. 만나찾기 방법은 총 8가지로 우리는 각 방법에 따라 만나를 찾아 성령님과 대화할 수 있습니다.

본문말씀에서 다양한 방법으로 찾은 만나는 성령님과의 풍성한 대화의 자리로, 주님과의 친밀한 교제의 자리로 우리를 인도해줄 것입니다. 푸른 풀밭과 쉴 만한 물가에서, 의의 길과 여호와의 집에서, 하물며 사망의 음침한 골짜기에서도 동행하시는 하나님을 만나게 해줄 것입니다.

하나님은 우리에게 일용할 양식뿐 아니라 영혼의 양식도 비처럼 내려 주십니다. 육의 양식에 대한 과도한 탐심은 늘 경계해야 하지만, 오늘날 우리의 문제는 영혼의 양식을 구하지 않는다는 것에 있습니다. 하늘의 만나는 심령이 가난한 자, 의에 주리고 목마른 자에게 넘치게 공급됩니다. 이제는 우리의 마음이 생명의 양식을 향하여 더욱더 갈급해지기를 소망합니다.

묵상하기

생각을 대화로, 대화를 동행으로 옮기다

큐티의 방법은 4단계로 '만나찾기 → 묵상하기 → 적용하기 → 증거하기'입니다. 이제 눈에 조금 익숙해지셨나요?

우리는 앞에서 첫 번째 단계인 '만나찾기'에 대해 알아보았고 이번 장에서는 두 번째 단계인 '묵상하기'에 대해 알아보려고 합니다.

'묵상하기'는 '만나찾기'에서 성령님과 함께 찾은 만나를 가지고 성령님과 대화하며 말씀 속에서 하나님을 만나는 과정을 담고 있습니다. 그런데 여기에서 말하는 '묵상'은 우리가 일반적으로 알고 있는 의미와 사뭇 다릅니다. 성경적으로 묵상은 깊이 '생각'하는 것이 아닌 깊이 '대화'하는 것이기 때문입니다. 묵상의 개념이 왜 '대화'인지 알아보기에 앞서 우리의 그릇된 인식부터 바꾸길 원합니다.

그릇된 인식 바꾸기

우리가 바꾸어야 할 첫 번째 그릇된 인식은 '묵상하다'라는 단어의 뜻 때문에 고착화된 우리의 생각입니다. '묵상하다'의 사전적 의미는 '눈을 감고 말없이 마음속으로 생각하다'입니다. 그래서 '말씀 묵상'이라고 하면, 보편적으로 '생각'이라는 단어를 떠올려 '말씀을 읽으면서 생각하는 것'으로 여깁니다. 하지만 성경적으로 묵상은 관찰하고 생각하는 관념적인 것만도, 인식하고 자각하는 의식적인 것(정신적으로 자각하는 것)만도 아닙니다. 관념과 의식을 바탕으로 '대화'에 이르는 실제적인 행위 개념입니다.

두 번째 그릇된 인식은 '큐티는 나 혼자 조용히 하는 것'이라고 여기는 것입니다. 큐티의 정의는 말씀을 묵상하는 경건 훈련입니다. 여기서 '경건'은 '하나님께 속하다'라는 의미이므로 큐티하는 전 과정이 성령님의 인도하심과 간섭하심 가운데 있습니다. 즉, 큐티는 처음부터 끝까지 성령님과 함께 하는 시간입니다. 큐티의 목적은 하나님과의 만남이므로 우리는 성령님이 나와 함께 하심을 반드시 인식하고 큐티해야 합니다.

세 번째 그릇된 인식은 '큐티는 정적이다'라고 여기는 것입니다. 큐티는 조용한 시간에 정한 자리에 홀로 앉아 영이신 주님과 교제하는 것이기에 다분히 정적으로 느껴집니다. 그러나 이는 환경적인 요소일 뿐 주님과의 교제는 내 안에 거하시는 성령님과의 실질적인 교제이므로 아주 능동적이고 적극적인 대화로 이루어집니다. 성령님과의 적극적인 대화가 무엇인지 구체적으로 알기 원한다면, 지금 이 책의 시즌 2를 펼쳐서 '묵상하기', '적용하기' 단계를 읽어보세요.

묵상의 실질적이고 구체적인 의미는 '대화'

묵상은 관찰하고 생각하는 관념적인 것을 뛰어넘을 뿐 아니라 인식하고 자각하는 의식적인 것을 뛰어넘는 '대화'입니다. 지금부 터 다음 세 가지 측면에서 묵상의 개념이 왜 '대화'인지에 대해 살 펴보겠습니다.

첫째, '묵상의 성경적 뜻'에 따른 묵상의 의미, 대화

우리는 묵상의 사전적 뜻이 아닌 성경적 뜻을 알아야 합니다. 묵상 (meditation)은 히브리어로 '작은 소리로 읊조리다'(시편 1:2, 119:15)입니다.

"오직 여호와의 율법을 즐거워하여 그의 율법을 주야로 묵상(meditate) 하는도다." 시편 1:2

그래서 '말씀을 묵상하다'의 보다 정확한 의미는 '말씀을 작은 소리로 읊조리다'입니다. 여기서 작은 소리로 읊조린다는 것은 진 리이신 주님 앞에서 그분과 대화하는 것을 의미합니다. 따라서 '말씀을 작은 소리로 읊조리다'는 예수님(말씀)과 조근조근(작은 소리) 대화하는 것(읊조림)을 말합니다.

성경적 묵상은 마음과 생각 속에 머물러 있는 명상과 다릅니다. 그러므로 우리는 '눈을 감고 말없이 마음속으로 생각하는 것'이라는 묵상의 사전적 의미를 넘어 성경적 의미인 '대화'로 나아가야 합니다. 관념적, 의식적 묵상에서 실제적, 구체적 대화로 바꾸어 나가야 합니다.

둘째, '큐티의 목적'에 따른 묵상의 의미, 대화

큐티의 목적은 하나님을 만나는 것입니다. 스쳐지나가는 단순한 만남이 아니라, 쉼 없이 단절 없이 한결같이 이루어지는 동행, 어디를 가든 무엇을 하든 같이 가고 같이 하는 동행을 이루는 것입니다. 그렇다면 만남이 교제가 되고 동행이 되려면 무엇이 필요할까요? 바로 '대화'입니다. 우리가 일상에서 경험하듯, 대화 없이는 만남이 지속될 수 없고 교제가 친밀해질 수 없습니다. 대화를 해야 서로에 대해 깊이 알 수 있고 가까워질 수 있습니다. 말씀이 육신이 되어 이 땅에 오신 예수님도 우리와 교제하시기 위하여 항상 대화하셨습니다.

대화란, 마주 대하여 이야기를 주고받는 것으로써 대화에 필요한 세 가지 요소는 대상, 화제(이야깃거리), 질문과 답입니다. 이 개념을 확실히 가지고 큐티를 하면, 대화의 대상인 성령님을 인식하게 됩니다. 대화의 화제인 만나를 가지고 성령님과 대화하게 됩니다. 성령님과의 대화는 성령님께 묻고 듣고 답하고, 성령님께 듣고 답하고 묻고… 이렇게 꼬리에 꼬리를 물고 이어져야 합니다. 그러면 주님의 마음까지, 나의 내면까지, 그리고 신령한 비밀에까지 이르게 됩니다.

우리는 성령님과 대화하면 할수록 예수님을 알아가게 됩니다. 성령님이 예수 그리스도를 증언하시는 분이기 때문입니다. 성령이 아니고서는 그리스도와 연합될 수 없으므로(고린도전서 6:17) 성령님과의 친밀한 관계는 예수님과 연합되었다는 증거이기도 합니다.

> "그분은 내가 말하는 것을 받아 너희에게 알려 줌으로써 나를 영광 스럽게 하실 것이다. 아버지께서 가지신 모든 것은 다 내 것이다. 그 래서 나는 그분이 내 말을 받아 너희에게 알려 주실 것이라고 하였 다." 요한복음 16:14-15, 현대인의 성경

> "이는 물과 피로 임하신 이시니 곧 예수 그리스도시라 물로만 아니 요 물과 피로 임하셨고 증언하는 이는 성령이시니 성령은 진리니 라." 요한일서 5:6

또한 예수님을 알아가면 알수록 나 자신을 알아가게 됩니다. 우리는 예수님을 아는 만큼 나 자신을 버릴 수 있고, 나 자신을 아는 만큼 예수님을 붙들 수 있습니다. 우리는 성령님과 대화를 나누는 큐티를 통해 '삼위 하나님은 어떤 분이신지, 나는 어떤 존재인지'를 더욱더 알아가게 될 것입니다.

이제 우리는 나 혼자 생각하고 나 혼자 결론짓는 큐티를 멈추어

야 합니다. 혼자만의 생각에 빠지다가도 예수님을 더욱 갈망하며 성령님께 계속해서 물어야 합니다. 예수님을 알기 원하는 우리의 마음은 성령님과의 대화에 고스란히 묻어날 것입니다.

셋째, '만나의 성경적 뜻'에 따른 묵상의 의미, 대화

만나의 성경적 뜻 자체에 대화의 의미가 담겨 있습니다. 그 뜻은 앞에서 살펴본 대로 '이것이 무엇이냐?'(What is it?)입니다. 이스라엘 백성이 하늘에서 내린 만나를 보고 서로 "이것이 무엇이냐?"(출애굽기 16:15)라고 물은 질문 자체가 만나의 뜻이 된 것입니다.

묵상하기 단계에서 성령님과의 대화의 첫 시작은 본문말씀 속에서 찾은 만나를 가지고 "성령님, 이것이 무엇인가요?"라고 묻는 것입니다. 성령님은 우리가 묻는 것에 반드시 답해주십니다. 이를 알려 주시기 위해 그 만나를 찾게 하셨기 때문입니다. 물론 "성령님, 제게 어떤 질문을 하고 싶으세요?"라고 먼저 물을 수도, 때론 묻지 않고 잠잠히 먼저 들을 수도 있습니다. 이와 같이 찾은 만나를 가지고 성령님께 물으며 대화하는 것이 '묵상하기' 단계입니다.

대화가 어려운 이유

성령님과의 대화가 어려운 이유는 무엇일까요? 우리는 그 이유를 대화에 필요한 세 가지 요소 중 (화제는 잘 찾으므로) 대상, 그리고 질문과 답에서 찾아보려 합니다.

먼저 성령님과의 대화 대상인 '나 자신' 때문입니다. 마음이 둔하면 성령님의 음성이 잘 들리지 않습니다. 누가복음 21장 34절은 방탕함과 술 취함, 생활의 염려로 인해 마음이 둔해진다고 말합니다.

"…방탕함과 술 취함과 생활의 염려로 마음이 둔하여지고…"

이생의 염려와 재물과 향락도(누가복음 8:14) 우리의 마음을 둔하게 만듭니다. 큐티를 시작할 때, 먼저 기도와 찬송을 하도록 권면했던 이유가 바로 여기에 있습니다. 성령님께 마음을 집중하도록 해주기 때문입니다. 우리는 큐티를 하기에 앞서 깨닫는 마음과 보는 눈, 듣는 귀를 허락해주시기를 성령님께 간구해야 합니다.

"…깨닫는 마음과 보는 눈과 듣는 귀는 오늘 여호와께서 너희에게 주지 아니하셨느니라." 신명기 29:4

성령님과의 대화가 어려운 또 다른 이유는 그분이 영이시기 때문입니다. 우리는 보고 듣고 만져서 깨닫는 현상계에 익숙해 내 눈에 보이지 않고 내 귀에 들리지 않고 내 손에 닿지 않는 성령님과의 대화를 어렵게 생각합니다. 이 문제는 우리가 성령님을 '인격'

으로 인식해야 풀릴 수 있습니다. 우리는 다만 큐티뿐 아니라 하나님의 자녀로 살아가기 위해 성령님과 가장 친밀한 관계를 맺어야 합니다.

마지막으로 '질문과 답'에서 성령님과의 대화가 어려운 이유를 찾아보겠습니다. 우리는 질문 자체를 어렵게 느끼고 어색해합니다. 어떤 사람은 질문을 버릇없는 말대답 정도로 치부해버리기도 합니다. 여기에는 가정과 사회 문화, 교육의 영향이 큽니다.

우리는 대화 없이 성령님과 친밀해질 수 없고, 질문 없이 깊은 대화를 할 수 없습니다. 그래서 저는 질문할 때에 육하원칙(누가, 언제, 어디서, 무엇을, 어떻게, 왜)을 활용할 것을 권합니다. 처음에는 질문이 단순하고 많지 않더라도 계속 훈련하다 보면 반드시 단련됩니다. 그러니 무조건 입을 열어 아이처럼 질문해보세요.

성령님은 우리의 질문을 듣고 대답해주십니다. 그 답은 우리의 마음과 생각에 떠오르는 형태로 들려집니다. 때로 성령님은 질문을 한 본문말씀 속에서 답을 알려 주기도 하시는데, 그때 기록된 말씀 그대로 보일 때가 있고, 그 속에 담긴 하나님의 뜻을 깨닫게 하셔서 답을 들려주시는 때가 있습니다.

그리고 우리 질문에 대한 성령님의 대답은 바로 들릴 때가 있고, 더 기다려야 할 때가 있습니다. 바로 듣지 못하고 기다려야 하는 경우, 하루를 마치는 시간에 본문말씀을 다시 읽어보시길 권합니다. 내 생활과 연결되어 답을 찾을 때가 종종 있기 때문입니다. 성령님은 오늘이 아니더라도 질문에 대한 답을 언제든지 들려주십

니다. 그분은 질문하는 자, 답을 기다리는 자에게 후히 답해주시는
분입니다.

묵상하기 예시

다음 두 가지 예시에서 육하원칙을 주의하여 봅니다.

본문말씀 마태복음 4:23 ─────────────────────

예수께서 온 갈릴리에 두루 다니사 그들의 회당에서 가르치시며 천국 복음을 전파하시며 백성 중의 모든 병과 모든 약한 것을 고치시니	Jesus went throughout Galilee, teaching in their synagogues, preaching the good news of the kingdom, and healing every disease and sickness among the people.

만나찾기: 예수께서 온 갈릴리에 두루 다니사

묵상하기: 성령님, 예수님은 온 갈릴리에 두루 다니시며 가는 곳마다 사역하셨습니다. 저도 예수님처럼 두루 다니며 복음을 전해야 하는데, 가고 싶지 않은 곳, 꺼리는 곳은 어디인가요?(어디서) 갈릴리를 상징하는 그곳에 가기 싫은 이유는 무엇인가요?(왜) 네, 그곳에 가면 ○○○를/을 만날까 봐 두렵고 싫습니다. 제가 언제부터 그를 피하기 시작했나요?(언제) 성령님, 갈릴리에 두루 다니려면 싫더라도 그를 만나야 하는데, 그에게 어떻게 다가가면 좋을까요?(어떻게)

> **만나찾기:** 가르치시며, 전파하시며, 고치시니
>
> **묵상하기:** 성령님, 오늘 모임에 가서 제가 만난 예수님을 증거할 사람은 누구인가요?(누가) 가르치시며 전파하시며 고치신 예수님의 모습 중, 제가 어떤 예수님에 대해 나누길 원하시나요?(무엇을) 네, 제 오랜 질병을 고쳐 주신 예수님에 대해 나누겠습니다. 그러면 제가 어떤 경험을 전해야 그가 마음을 열고 들을 수 있을까요?(무엇을)

어려운 대화, 쉽게 하는 방법: 쓰면서 대화하기

우리는 '말'로 대화를 합니다. 말을 통해 서로 이야기를 주고받습니다. 그런데 성령님과의 대화는 서로의 말이 직접 귀로 들리는 일반적인 대화와 같지 않습니다. 성령 하나님은 영이시기에 우리는 대개 마음속으로 대화를 합니다.

그런데 성령님과 마음속으로 대화하다 보면, 어느 순간 내 생각과 감정에 빠져 대화가 끊길 때가 많습니다. 그때 다시 대화를 이어 나가기가 쉽지 않습니다. 그래서 우리에게는 성령님께 집중하도록 돕는 장치가 필요합니다. 그것은 바로 '쓰기'입니다.

큐티할 때 '쓰기'는 대화할 때 '말하기'의 역할을 대신 해줍니다. 그것은 특별한 것이 아니고 성령님께 묻고 들은 내용을 모두 쓰는 것입니다. 처음에는 편하게 자신이 보고 이해할 수 있는 키워드로 기록하는 것이 좋습니다. 기록하는 행위 자체에 부담을 가져서는

안 되기 때문입니다.

쓰기의 놀라운 장점이 하나 더 있습니다. 큐티할 때 제가 종종 경험하는 일입니다. 저는 큐티가 되지 않고 뭔가 막혀 있는 듯 답답한 날이면 무작정 펜을 들고 말씀을 읽으며 생각나는 대로 적습니다. 그러다 보면 어느새 성령님께서 제 손을 이끌어 대화의 자리로 인도해주시는 것을 느끼곤 합니다. 우리 모두 이 쓰기의 능력을 경험할 수 있기를 바랍니다.

지금까지 우리는 큐티의 방법 두 번째 단계인 '묵상하기'에 대해 살펴보았습니다. 다시 한 번 정리하면, '묵상하기'는 찾은 만나를 가지고 성령님과 대화하는 것입니다.

묵상의 의미는 대화입니다. 그래서 '말씀 묵상'은 말씀 속에서 성령님과 대화하는 것을 의미하고, '일상 묵상'은 일상 속에서 성령님과 대화하는 것을 의미합니다. 우리가 큐티를 통해 성령님과의 대화에 익숙해지면, 일상에서도 자연스럽게 성령님과 대화할 수 있습니다. 말씀에서 찾은 만나를 가지고 대화하다 보면, 일상의 어떤 소재를 가지고도 성령님과 대화할 수 있습니다.

항상 성령님과 대화하세요. 그것이 바로 하나님과의 동행의 증거입니다.

4.

적용하기

순종을 위해 책상에서 일어서다

큐티의 방법은 4단계로 '만나찾기 → 묵상하기 → 적용하기 → 증거하기'입니다. 지금까지 우리는 두 번째 단계까지, 즉 본문말씀에서 만나를 찾아 성령님과 대화하는 단계까지 알아보았습니다. 혹 여기까지 오면서 힘든 점은 없으셨나요? 이 시즌을 끝까지 잘 마치실 수 있도록 격려와 응원을 보내드립니다.

이번 장에서 함께 나눌 세 번째 단계 '적용하기'는 말 그대로 묵상한 말씀을 삶에 적용하는, 즉 주님이 내게 말씀하시는 것을 순종하는 단계입니다. 이것은 우리가 제일 어려워하는 단계이기도 합니다. 하지만 묵상하기 단계와 마찬가지로 성령님과 깊이 대화를 나누며 나아가다 보면, 순종의 기쁨을 맛보게 될 것입니다.

'적용'이란 무엇인가

'적용'은 '알맞게 이용하거나 맞추어 씀'이라는 뜻을 가진 행위적 용어입니다. 성경용어로는 '지키다'(요한계시록 1:3), '지켜 행하다'(여호수아 1:8)와 같고, 실천과 순종을 의미합니다.

"이 예언의 말씀 … 가운데에 기록한 것을 지키는 자는…." 요한계시록 1:3

위의 성경구절에 나오는 "지키는"을 영어성경으로 보면 "…take to heart what is written in it…"입니다. 번역하면 "말씀을 마음에 두는 것"입니다. 또 다른 구절을 하나 더 보겠습니다.

"이 율법책 … 안에 기록된 대로 다 지켜 행하라…." 여호수아 1:8

여기에 나오는 "지켜 행하라"를 새번역성경으로 보면 "성심껏 실천하여라"입니다. 이를 모두 종합하면, 말씀을 지켜 행한다는 것은 말씀을 마음에 두고 있다가 성심껏 실천하는 것을 의미합니다. 따라서 적용이란, 말씀을 삶에서 순종하는 실천적 행위, 믿음의 행위라 할 수 있습니다. 믿음이 행함과 함께 온전해지듯 '묵상하기' 단계는 '적용하기' 단계와 함께 온전해집니다. '묵상하기' 단계를 성령님과 대화(묵상)하며 말씀 속에서 하나님을 만나 내면이 변화되어 영성을 얻는 자리라고 한다면, '적용하기' 단계는 그 영성을 실제 삶 속에서 행동하는 자리라고 할 수 있습니다.

우리가 하나님의 말씀을 삶 속에 적용하면, 그 말씀을 실제적으로 경험하게 됩니다. 말씀이 내 삶에 역사하는 것을 체험하게 됩니다. 의의 말씀을 경험함으로써 젖먹이에서 장성한 자로 자라나게 됩니다.

"이는 젖을 먹는 자마다 어린아이니 의의 말씀을 경험하지 못한 자요."히브리서 5:13

왜 적용해야 하는가

말씀을 삶에서 적용하는 '순종'은 참 어렵습니다. 희생이 따르기 때문입니다. 저는 순종과 희생이라는 단어를 생각하면, 가장 먼저 예수님이 떠오릅니다. 예수님은 십자가의 죽음을 앞두고 겟세마네 동산에서 땀이 핏방울이 되기까지 기도하셨습니다. 그 자리에서 하나님의 뜻이 이뤄지기를 간구하셨습니다. 왜 예수님은 하나님의 뜻에 죽기까지 순종하셨을까요? 그 이유는 예수님이 하나님의 아들이셨기 때문입니다. 예수님은 자녀로서 하나님 아버지와의 관계가 어떠해야 하는지를 우리에게 보여 주십니다. 또 다른 이유는 예수님이 하나님을 사랑하셨기 때문입니다. 예수님은 순종을 통해 그 사랑이 어떻게 증거되는지를 우리에게 보여 주십니다. 이와 같이 우리도 하나님 아버지와의 관계 속에서 순종의 이유를 찾을 수 있습니다.

하나님의 자녀이므로

하나님은 우리를 자녀 삼으시기 위하여 친히 언약을 세우셨습니다. 우리는 이 영원한 언약으로 말미암아 그분의 자녀가 되었습니다.

"너희를 내 백성으로 삼고 나는 너희의 하나님이 되리니…." _{출애굽기 6:7}

우리는 하나님의 자녀이므로 아버지의 말씀을 지키고 그분의 뜻에 순종하는 것이 마땅합니다. 하지만 자녀로서 무조건 순종하기에 앞서, 마땅히 죽어야 할 죄인을 자녀 삼아 주신 하나님 아버지의 은혜를 마음속 깊이 느끼면 좋겠습니다. 죽을 수밖에 없는 죄인인 우리가 양자의 영을 받아 하나님을 아빠 아버지라고 부를 수 있게 된 것이 얼마나 감격스러운지요(로마서 8:15).

하나님을 사랑하므로

사랑하면 상대방이 원하는 대로, 말하는 대로 하고픈 갈망이 생깁니다. 이것은 사랑하기에 가능한 일입니다. 이처럼 순종은 하나님을 향한 사랑의 반응이자 행위입니다. 순종은 사랑이 깊어질수록 쉬워집니다. 만약 하나님의 말씀에 순종하기 어렵다면, 먼저 그분을 향한 나의 사랑을 점검해보아야 합니다. 내 마음대로 살고 있다면 사랑이 식은 증거입니다.

예수님의 순종으로 말미암아 온 인류를 구원하시려는 하나님의 뜻이 실재가 되었듯, 순종은 하나님의 뜻이 실재가 되게 합니다. 하나님의 말씀은 순종을 통해 실재가 되고, 순종은 하나님의 사랑을 힘입어 이루어진다는 것을 기억하세요.

적용! 안 하는가, 못하는가

우리가 큐티할 때 적용하기 단계까지 가지 못하는 가장 큰 이유는 '큐티는 말씀묵상이다'라는 그릇된 인식 때문입니다. 그래서 적용 없이 묵상만 하고 큐티를 끝내고 마는 것입니다. 이외에도 여러 이유가 있는데, 지금부터 그것들에 대해 알아보겠습니다.

첫 번째 이유는 묵상한 것만으로도 충분히 만족하기 때문입니다. 우선적으로 내면의 변화가 일어났고, 새롭게 인식하고 자각한 깨달음도, 마음의 결단도 생겼기에 거기에 만족하고 큐티를 마치는 것입니다. 계속 이렇게 큐티를 하면 깨달아 아는 것은 많아질지라도 말씀이 삶에서 능력으로 나타나는 것을 경험할 수는 없습니다.

두 번째 이유는 희생하는 것이 싫기 때문입니다. 적용을 하기 위해서는 '희생'이 필요합니다. 내가 직접 해야 하고, 때로는 내 소유를 꺼내 섬기기도 해야 합니다. 한두 번은 괜찮을지 몰라도 계속 하다 보면 "왜 나만!"이라는 억울한 마음이 들면서 점점 순종하는 것을 피하게 됩니다.

마지막 이유는 나 자신을 부인하고, 내가 죽어야 하기 때문입니다. 우리는 저마다 죽어도 하기 싫은 일이 있습니다. 하지만 말씀에 순종하여 그 일을 한다면, 우리 안에 그리스도께서 사실 것입니다.

"내가 그리스도와 함께 십자가에 못 박혔나니 그런즉 이제는 내가 사는 것이 아니요 오직 내 안에 그리스도께서 사시는 것이라…." 갈라디아서 2:20

적용을 위해 성령님과 대화하기

우리는 '묵상하기' 단계에서 성령님과 함께 찾은 만나를 가지고 대화를 하면서 '적용하기' 단계로 넘어옵니다. 적용하기 단계 역시 나 혼자 스스로 할 수 없으므로 성령님과 대화하며 나아가야 합니다. 질문은 묵상할 때처럼 육하원칙으로 다양하게 합니다. 다만 적용하기에서는 구체적으로 '어떻게'라는 질문이 더 강조됩니다.

적용하기 단계에서 우리가 꼭 기억해야 할 두 가지 원칙이 있습니다. 첫 번째 원칙은 적용 대상이 남이 아닌 먼저 나 자신이어야 합니다. 큐티는 성령님과 나와의 교제이므로 우리(성령님과 나)를 알아가는 것에 집중해야 합니다. 부활하신 예수님께서 베드로에게 그가 어떠한 죽음으로 하나님께 영광을 돌리게 될지를 말씀하실 때에 베드로는 오히려 옆에 있는 요한에 대해 묻습니다. 그러자 예수님은 "네게 무슨 상관이냐 너는 나를 따르라"고 말씀하십니다(요한복음 21:18-22). 우리도 마찬

가지입니다. 말씀 앞에서 먼저 나 자신을 바라보아야 합니다.

두 번째 원칙은 그 내용이 구체적이고 실제적이어야 합니다. 현실과 동떨어진 추상적이고 막연한 적용을 피하려면 적용 범위가 좁아야 합니다. 그래서 처음에는 작은 일에 순종하는 것에서부터 시작해 점차 범위를 넓혀 가는 것이 중요합니다. 내가 할 수 있는 작은 것부터 순종하다 보면 점차 큰일도 감당할 수 있게 될 것입니다.

적용하기 단계는 순종을 위하여 성령님의 도우심을 구하며 기도로 마치도록 합니다. 순종은 나 혼자 삶의 현장으로 돌아가서 하는 것이 아니라 동행하시는 성령님을 힘입어 하는 것이기 때문입니다.

"…이는 힘으로 되지 아니하며 능력으로 되지 아니하고 오직 나의 영으로 되느니라." 스가랴 4:6

적용하기 예시

본문말씀 시편 1:1-2 ─────────────

¹ 복 있는 사람은 악인들의 꾀를 따르지 아니하며 죄인들의 길에 서지 아니하며 오만한 자들의 자리에 앉지 아니하고 ² 오직 여호와의 율법을 즐거워하여 그의 율법을 주야로 묵상하는도다

¹ Blessed is the man who does not walk in the counsel of the wicked or stand in the way of sinners or sit in the seat of mockers. ² But his delight is in the law of the LORD, and on his law he meditates day and night.

만나찾기: 복 있는 사람, 여호와의 율법을 즐거워하여

묵상하기: 성령님, 복 있는 사람은 어떤 행동을 하고, 또 무엇을 하는 사람인가요? 어떻게 모든 말씀, 심판의 말씀까지도 즐거워할 수 있나요? 성령님, 제가 여호와의 율법을 즐거워하여 성령님과 밤낮으로 대화하고 교제하려면 어떻게 해야 하나요?

적용하기: 성령님, 하나님의 말씀을 즐거워하는 복 있는 사람이 되기 위하여 큐티를 다시 시작하겠습니다. 이를 위해 가장 먼저 해야 할 일은 무엇인가요? 지금 바로 큐티책 두 권을 사서 한 권은 제가 갖고, 다른 한 권은 ○○○에게 전하며 함께 큐티하자고 권하겠습니다. 성령님, 큐티하는 시간을 몇 분으로 정하면 좋을까요? 큐티의 방법 4단계 중, 제가 가장 어려워하는 단계는 무엇인가요? 오늘은 만나 하나를 찾아 묵상질문 세 개를 만들어 보겠습니다. 생각으로만 대화하지 않기 위해 펜을 들고 쓰겠습니다. 성령님, 오늘 큐티한 내용을 나눌 사람은 누구인가요? ○○○에게 전화를 걸어 그 내용을 나누겠습니다. 그리고 이제부터 큐티모임에 꾸준히 참석하겠습니다. 제가 그 자리에 정직하고 성실하게 참여할 수 있도록 인도해주세요.

다음 예시는 추상적이고 막연하게 적용한 내용입니다. 결단이기도 하지만, 결단을 넘어 실천할 수 있는 구체적인 내용으로 그 범위를 좁혀가야 한다는 것을 잊지 마세요.

적용하기: 성령님, 앞으로 꼭 큐티를 하겠습니다. 큐티할 때마다
열심히 질문하고 힘써 순종하겠습니다. 큐티하는 사람
이 되어 언젠가는 큐티를 가르치는 사람이 되겠습니다.

적용의 첫걸음, 회개부터 성령의 열매를 맺기까지

적용하기 위해 성령님과 대화하고 삶에서 순종하면 먼저 나 자신이 변화되고, 나 자신이 변화되면 삶도 바뀌게 됩니다. 우리의 삶이 하나님의 나라와 그분의 의를 구하는 삶, 하나님 나라 중심의 삶, 복음에 합당한 삶으로 바뀌게 됩니다. 끊임없는 현실의 문제에서도 승리하게 됩니다. 죄와 사탄의 미혹, 세상의 유혹도 이기게 됩니다.

안타깝게도 이러한 삶의 변화는 단번에 일어나지 않으며 항상 지속되지도 않습니다. 우리가 종종 불순종하기 때문입니다. 그렇다고 절망할 필요는 없습니다. 하나님께서는 이러한 우리를 너무도 잘 알고 계시기에 회개의 자리로 이끄시고 다시 일으켜 세워 주시기 때문입니다. 그리고 작은 일에 순종하는 자에게 큰일을 맡기시고, 그리스도의 좋은 병사로 단련시켜 주십니다.

성령님은 우리가 큐티할 때에 많은 것들을 깨우쳐 주십니다. 이전에 보지 못하고 듣지 못하고 깨닫지 못한 일, 알지 못하고 믿지

못하고 확신하지 못한 일들에 대해 밝히 가르쳐 주십니다. 이때 우리 자신에게 가장 먼저 나타나는 내면의 변화는 회개입니다. 죄를 깨우침과 동시에 죄악의 길에서 돌이키려는 몸부림이 일어나는 것입니다.

이처럼 적용하기 단계에서 일어나는 가장 첫 번째 반응은 '회개'입니다. 회개는 '묵상하기' 단계에서 마지막으로 나타나는 반응이자 '적용하기' 단계에서 가장 먼저 나타나는 반응입니다. 우리가 내적 변화를 경험하고 회개했다면, 그 다음에는 성령님께 어떻게 회개한 자로서 합당하게 살아가야 하는지를 물어야 합니다.

"…회개하고 하나님께로 돌아와서 회개에 합당한 일을 하라…" 사도행전 26:20

회개에 합당한 반응은 죄에서 돌이켜 하나님께 돌아와 순종하는 것입니다. 그러면 성령의 열매인 사랑과 희락과 화평과 오래 참음과 자비와 양선과 충성과 온유와 절제(갈라디아서 5:22-23)를 맺는 성령의 사람이 됩니다. 이 모든 내용을 정리하면, 성령님께 묻고 적용하며 회개에 합당한 열매를 맺는 과정이 바로 '적용하기' 단계입니다.

적용은 그 내용이 거창하냐 아니냐의 문제가 아니라, 온전한 순종이냐 아니냐의 문제입니다. 부분적인 순종은 결국 불순종이기 때문입니다. 순종할 때에는 하나님 아버지께 죽기까지 복종하신 예수님의 본을 따라 온전히 순종하길 원합니다.

"사람의 모양으로 나타나사 자기를 낮추시고 죽기까지 복종하셨으니 곧 십자가에 죽으심이라." 빌립보서 2:8

적용의 큰 즐거움, 말씀으로 해석되는 인생

말씀에 순종하면 우리 인생이 말씀으로 해석되기 시작합니다. 성경 속 인물이 나로 비춰지고, 말씀 속 상황이 내 삶에 펼쳐지기 시작합니다. 수천 년 전에 기록된 말씀이 오늘의 우리를 위해서도 써졌다는 것이 얼마나 놀라운지요.

종종 저는 큐티한 말씀과 제 하루가 매우 흡사해, 말씀이 제 삶에 적용되도록 하루가 펼쳐지는 듯한 느낌을 받곤 합니다. 이것은 우리 삶을 아시는 하나님께서 말씀으로 우리를 다스려 주시는 증거이기도 합니다.

그렇다면 오늘뿐일까요? 아닙니다. 성령님은 이해되지 않고 설명할 수 없는 과거의 일들도 말씀으로 해석해주시고, 앞으로 일어날 장래의 일들까지도 말씀으로 알려 주십니다.

그러면 성령님께서 우리 삶을 말씀으로 해석해주시는 이유는 무엇일까요? 그것은 우리를 향한 주님의 뜻을 알리시기 위함입니다. 가령 풀리지 않는 삶의 문제를 만날 때에 우리가 말씀으로 주님의 뜻을 알고 분별한다면, 앞으로 어떻게 해야 하는지 방법을 찾게 될 뿐 아니라 그 문제 속에서도 여전히 함께 하시는 주님으로 인해 견디어 나갈 수 있는 힘을 얻게 될 것입니다.

　말씀으로 해석되는 삶을 살길 원한다면 무엇보다 먼저 성령 하나님과 친밀해져야 합니다. 날마다 말씀을 가까이 하고 그 속에서 성령님과 교제해야 합니다. 그러면 성령님이 깨우쳐 주시는 통찰력을 얻을 수 있습니다. 이것이 바로 하나님의 뜻을 깨닫는 하늘의 지혜와 능력, 은총을 받는 것이고, 이것이 바로 말씀으로 삶을 해석하는 능력입니다.

　성경이 열려 내 인생을 풀어 주고 성경 속에서 내 삶을 발견하는 것, 이것이야말로 말씀에 순종하는 자가 느끼는 가장 큰 즐거움이 아닐까요? 하나님의 뜻대로 펼쳐지는 삶을 살아가는 우리 인생은 결코 헛되거나 무의미하지 않습니다.

　저는 말씀과 함께 하는 삶, 하나님과 동행하는 인생이 가장 복되다고 확신합니다. 큐티를 통해 우리 모두가 이 기쁨을 경험하길 소망합니다.

　지금까지 우리는 큐티의 방법 세 번째 단계인 '적용하기'에 대해 살펴보았습니다. 다시 한 번 정리하면, '적용하기'는 묵상한 말씀을 가지고 성령님과 대화하며 지시하심에 따라 삶에서 순종하는 것입니다.

　적용 대상은 나 자신이며 그 내용은 실제적, 구체적이어야 합니다. 적용 없는 큐티는 책상에 앉아 깨닫는 것에만 머물게 하므로 지식(머리)만 쌓이고 지혜(가슴)는 빈약해집니다. 그러나 적용을 하면 살아 역사하는 말씀이 우리 삶에 실제적인 행위로 경험되어 우리 믿음이 날로 굳세어지고 온전케 될 것입니다.

증거하기

회피하던 증인의 삶을 누리다

다음은 큐티의 방법에 대해 1장에서 정리한 내용입니다. 마지막 '증거하기' 단계를 앞두고 지금까지 배운 내용을 차분히 정리하는 시간을 갖고자 합니다.

큐티의 방법 4단계

1. 만나찾기: 말씀을 읽으며 묵상을 위한 만나를 찾습니다.

2. 묵상하기: 찾은 만나로 성령님과 대화를 나눕니다.

3. 적용하기: 적용을 위해 성령님과 대화하고, 삶에서 순종합니다.

4. 증거하기: 말씀 속에서, 삶 속에서 만난 하나님을 증거합니다.

앞에서 확인한 대로 '증거하기'는 묵상하며 말씀 속에서 만난 하나님과 적용하며 삶 속에서 만난 하나님을 증거합니다. 그리고 이를 통해 증인의 삶을 살아가도록 이끌어 줍니다. 이제부터 큐티의 마지막 단계인 증거하기에 대해 자세히 알아보겠습니다.

'나눔'보다 '증거'라고 해야 하는 이유

사실 우리는 큐티할 때에 '증거'라는 용어보다 '나눔'이라는 용어를 더 많이 사용합니다. 그래서 왜 우리가 '나눔' 대신 '증거'라는 용어를 사용해야 하는지에 대해 먼저 살펴보려고 합니다.

첫째, 나눔을 통해 나타나는 문제점들을 해결할 수 있으므로

보편적으로 큐티는 묵상하고 적용한 뒤에 '나눔'으로 마무리합니다. 그 나눔(sharing)은 하나님을 만나 교제한 내용을 누군가에게 나누고, 또한 누군가로부터 듣는 것입니다. 이것은 개인적 차원과 공동체적 차원으로 이루어지며 대체적으로 큐티하는 사람들은 큐티모임이나 나눔방, 소그룹에 참석하여 서로 큐티한 것을 나누는 경우가 많습니다.

그런데 나눔을 할 때에 적지 않게 나타나는 문제점들이 있습니다. 큐티하면서 깨달은 '지식'을 나누다가 변론이 일어나기도 하고,

현실의 문제와 일상의 이야기들이 더 화제가 되기도 합니다. 또한 누군가의 나눔을 듣고 비판하기도 하고, 자신의 옳고 그름을 기준으로 지적하기도 합니다. 또한 하나님의 말씀을 전하며 선지자 노릇을 하기도 합니다. 안타깝게도 이런 일들로 인해 관계가 깨지거나 공동체를 떠나게 되는 경우도 있습니다. 나눔의 목적은 큐티를 하면서 '내가 만난 하나님을 증거하는 것'인데, '나눔'이라는 단어의 기능적 역할에만 초점을 맞추다 보니 그 목적을 놓쳐 버리고 이러한 문제점들이 발생하는 것입니다.

저는 이 문제들을 어떻게 극복할 수 있을까 고민하던 중에 한 가지 해결 방법을 찾았습니다. 그것은 바로 '나눔'이라는 용어 대신 성경적 관점에 더 의미를 둔 '증거'라는 용어를 사용하면 되는 것이었습니다. 다시 정리하면, 다른 이야기를 나누는 것이 아니라 우리 각자가 큐티하면서 만난 하나님만 증거하면 되는 것입니다. 그 일들을 통해 나를 만나주신 하나님이 어떤 분이신지 증거하며 마무리하는 것입니다.

우리는 내가 만난 하나님을 증거하는 것을 '간증'이라고 합니다. 간증은 지식을 나누는 것이 아니므로 변론이 생길 수 없습니다. 뿐만 아니라 개인적인 신앙 경험을 고백하는 것이므로 청중은 듣는 사람이지 비판하고 지적하거나 옳고 그름을 판단하는 사람이 아닙니다. 더욱이 간증하는 사람에게 "당신은 회개해야 합니다", "하나님이 당신에게 이렇게 말씀하십니다" 등 선지자 노릇을 할 수 없습니다.

큐티의 목적은 하나님을 만나는 것입니다. 아니, 정확하게는 하나님이 우리를 만나주시는 것으로 그분을 찬송하게 하시려는 뜻입니다. 이것은 우리를 창조하신 하나님의 뜻이기도 합니다.

"이 백성은 내가 나를 위하여 지었나니 나를 찬송하게 하려 함이니라." 이사야 43:21

그러므로 우리를 만나주신 하나님을 증거할 때에 우리가 해야 할 일은 듣는 상대방, 그리고 공동체적으로는 모인 이들과 다 함께 우리를 만나주신 하나님을 높이며 찬양하고 감사하는 것입니다.

앞으로 우리가 '나눔' 대신 '증거하기'에 초점을 둔다면 나눔이라는 기능을 통해 나눔의 목적인 하나님을 증거하는 일에 집중할 수 있을 것입니다. 그러면 그 자리는 하나님이 기쁘게 받으시는 곳이 될 것입니다.

둘째, 증거하는 것은 예수님께서 명하신 사명이므로

예수님께서 승천하실 때에 제자들에게 하신 사도행전 1장 8절 말씀은 그분을 따르는 우리 모두에게 적용되는 명령입니다.

"오직 성령이 너희에게 임하시면 너희가 권능을 받고 예루살렘과 온 유대와 사마리아와 땅 끝까지 이르러 내 증인이 되리라 하시니라."

성령을 받은 자들의 사명은 예수 그리스도의 증인이 되는 것입니다. 예수님을 증거하는 일은 우리의 마땅한 본분입니다. 그런데 증인의 삶을 어려워하며 피하는 것이 우리의 안타까운 현실입니다.

무언가를 증명하려면 증거 자료가 필요하듯, 예수님의 증인이 되기 위해서는 그분을 만난 체험이 필요합니다. 그 체험은 큰 일이 아닌 일상의 소소한 사건일지라도 전하기에 충분합니다. 저는 큐티하면서 만난 하나님을 증거함으로써 성도들의 믿음을 굳게 하고, 아직 예수님을 영접하지 못한 이들의 마음에 복음을 심고 있습니다.

'나눔'이 '증거'보다 더 익숙할지라도 '증거하기'가 우리의 사명을 확고하게 하는 것임에 분명합니다. 이런저런 이유로 부르심을 피하고 사명을 피하는 것은 예수님의 제자로서, 성령을 받은 자로서 합당치 않습니다. 큐티하면서 만난 하나님을 전하는 '증거하기'는 하나님께서 우리를 부르신 뜻대로 행하는 일이며 사명을 다하는 일이므로 언제 어디서나 증인의 삶을 살아가도록 힘써야 할 것입니다.

피하고 싶은 증인의 삶과 마주하기

예수님의 제자로서 반드시 해야 할 일이 증거라면, 어떻게 해야 더 잘할 수 있을까요? 사실 아주 특별한 방법은 없습니다. 내가 만난 하나님을 있는 그대로 전하면 됩니다. 다만, 그것을 효과적으로 잘 전달하기 위해서는 기술이 필요합니다. 영적 일에 필요한 영적 기술 말입니다.

처음에 저는 말주변이 없고 낯을 심하게 가려서 큐티모임에 나가는 것을 꺼려했습니다. 더욱이 몸이 아파 꼬박 3년을 침대에 누워 혼자 큐티해야만 했습니다. 그러다가 하나님께서 강권적으로 말씀하셔서 교회 큐티모임에 참석하기 시작했는데, 공동체 안에서의 나눔은 어색하고 힘들었습니다. 어색한 것은 시간이 지나면서 점차 나아졌지만 힘든 것은 여전했습니다. 저는 말에 능하지 못해서, 말재주가 없어서 주목받는 그 시간이 괴로웠던 것입니다. 좀처럼 입이 열리지 않는 제 자신을 보며 참담했습니다. 마음은 하나님을 전하고 싶어 뜨거운데 제 능력으로는 턱없이 부족했습니다.

저는 '어떻게 하면 나를 만나주신 하나님을 효과적으로 잘 증거할 수 있을까'를 고심하면서 성령님께 묻고 또 물었습니다. 그 과정 가운데 성령님께서 가르쳐 주신 방법이 다음 '증거하기 4단계'입니다.

나를 만나주신 하나님을 전하는 증거하기 4단계

증거하기 4단계는 다음과 같습니다. 큐티의 방법 4단계의 순서를 따라 훈련하면 쉽게 익힐 수 있습니다.

증거하기 4단계

1. 묵상말씀: 말씀 속에서 찾은 만나를 증거합니다.

2. 묵상내용: 찾은 만나로 성령님과 대화한 내용을 증거합니다.

3. 적용내용: 묵상한 말씀을 삶에서 어떻게 순종했는지 증거합니다.

4. 나를 만나주신 하나님: 말씀 속에서, 삶 속에서 만난 하나님을 증거합니다.

1단계 '묵상말씀'에서는 내가 어느 구절에서 어떤 만나를 찾았는지에 대해 증거합니다. 다음 예시를 보세요.

> "오늘 본문에서 제가 찾은 만나는 출애굽기 4장 10절에 나오는 '오 주여 나는 본래 말을 잘하지 못하는 자니이다'입니다."

2단계 '묵상내용'에서는 찾은 만나로 성령님과 어떤 대화를 나누었는지에 대해 증거합니다. 다음 예시를 보세요.

> "저는 이 구절을 보면서 모세의 고백에 공감했습니다. 바로 제가 말주변이 없기 때문입니다. 저는 성령님께 어떻게 하면 내가 만난 하나님을 잘 전할 수 있는지, 어떻게 하면 언변이 늘어 간증을 잘 할 수 있는지를 여쭈었습니다. 성령님은 모임 전날에 큐티한 일주일 분량을 다시 살펴보며 증거할 내용을 정리해보라고 하셨습니다. 저는 어떻게 정리해야 할지 몰라 다시 여쭈었습니다. 그때 성령님이 증거하기 4단계 방법을 가르쳐 주셨습니다(1.묵상말씀 2.묵상내용 3.적용내용 4.나를 만나주신 하나님). 성령님은 이 단계를 따라 준비하여 증거하라고 말씀하셨습니다."

3단계 '적용내용'에서는 묵상한 말씀을 삶에서 어떻게 적용해나갔는지를 증거합니다. 불순종했다면 그것에 대해서도 나눕니다. 다음 예시를 보세요.

> "저는 모임에 가기 전날이면 성령님께서 가르쳐 주신 증거하기 4단계 방법으로 일주일 큐티 분량을 정리했습니다. 그 내용을 증거하기 4단계에 비춰 보니, 제가 큐티할 때 어떤 단계를 놓치고 있는지가 보였습니다. 그래서 저는 성령님께 또다시 '증거하기 기술'에 대해 구했습니다. 성령님은 이제는 날마다 큐티책에 '증거하기 4단계'에 맞추어 내용을 정리하라고 하셨습니다. 그렇게 해나가자 큐티 단계를 놓치는 경우도 덜했고, 큐티를 하지 않는 날도 줄었습니다. 계속 반복해서 하다 보니 하나님을 증거할 때에 용기도 생겼습니다. 성령님은 제게 큐티한 것을 통해 하나님을 증거하면 말의 기술도, 말의 능력도 갖춘 힘 있는 자가 될 것이라고 말씀해주셨습니다."

4단계 '나를 만나주신 하나님'에서는 묵상하며 말씀 속에서 만난 하나님, 적용하며 삶 속에서 만난 하나님을 증거합니다. 다음 예시를 보세요.

> "저는 본문말씀을 통해 구하는 자에게 후히 주시고 꾸짖지 아니하시는(야고보서 1:5) 하나님, 지혜의 하나님, 증인의 삶을 살아가도록 능력 주시는 하나님을 만났습니다."

앞에서 나눈 예시를 좀 더 구체적으로 설명하면, 저는 큐티모임 전날에 큐티책에 적어 놓은 일주일 분량을 다시 보면서 각 날짜마다 '증거하기 4단계 방법'에 따라 1-4번까지 번호를 표시해 정리했습니다. 그러면 어느 페이지를 열어도 그 순서를 따라 쉽게 증거할 수 있었습니다. 이후로는 일주일이 아닌 날마다 그렇게 훈련했습니다. 그러자 큐티의 각 단계를 놓치지 않고 할 수 있게 되었습니다.

지금은 더 훈련이 되어 큐티책에 적은 내용을 보지 않고 찾은 만나만 떠올려도 담대히 증거할 수 있습니다. 각 단계가 머릿속에 순차적으로 정리되고 구변이 늘었기 때문입니다.

물론 말의 기술보다는 말의 능력이 우선입니다. 그러나 저는 말의 기술도 이에 못지않게 중요하고 필요하다는 것을 경험했습니다. 경건의 능력과 경건의 모양이 함께 하듯 말의 능력이 말의 기술과 함께한다면, 우리가 하는 증거가 더욱 온전해질 것입니다. 예수 그리스도가 더욱 힘 있게 전파될 것입니다.

공동체에서 증거하는 유익과 어려움

공동체에서 날마다 함께 같은 본문으로 큐티하면, 말씀으로 하나 되어 마음이 모아집니다. 같은 말씀을 주제로 삼아 대화하므로 서로 더욱 가까워집니다. 주님과 가까워진 사람은 지체와도 가까워지게 마련입니다. 공동체 안에 문제가 생겼을 때는 함께 말씀을 붙잡고 하나님의 뜻을 분별해나갈 수 있습니다.

　뿐만 아니라 같은 본문말씀일지라도 성령님의 음성이 각각 다르게 들리므로 서로에게 도전이 되고, 내가 경험하지 못한 하나님을 만날 수 있습니다. 때론 성령님의 음성이 모두에게 동일하게 들려서 나뿐 아니라 공동체를 향한 하나님의 뜻을 확실히 알 수도 있습니다. 누군가의 간증을 들으면서 주님을 만나고픈 갈망이 다시 살아나기도 하고, 내가 말씀을 잘 이해했는지 점검받기도 하고, 바른 교훈을 얻는 기회를 얻기도 합니다.

　물론 사람들 앞에서 내 마음과 삶을 있는 그대로 드러내는 것은 결코 쉬운 일이 아닙니다. 더욱이 죄의 문제나 허물, 수치스러운 일은 더욱 그렇습니다. 혹여 죄를 고백했을 때, 수치와 조롱을 당하거나 소외를 당할까 봐 두렵습니다. 그래서 내가 감당할 수 있는 선까지만 공개하려고 합니다. 그러나 우리가 이렇게 감추기만 한다면, 결국 예수 그리스도를 증거하는 일은 막히게 될 것입니다.

　우리는 예수를 위하여 모든 것을 배설물로 여길 줄 알아야 합니다(빌립보서 3:8). 주님을 증거하기 위해서라면 내 자존심과 체면, 내 자신까지도 버릴 수 있어야 합니다. 그리스도의 증인은 자기 자신을 위하여 이것저것을 따지거나 잴 수 없습니다.

　우리는 죄보다 죄를 사함 받은 은혜가 더 크다는 것을 깨달아야 합니다. 그래야 죄의 문제를 기쁘게 나눌 수 있습니다. 죄는 크기의 문제가 아닙니다. 그렇게 여기는 것은 사람이 세운 기준일 뿐입니다. 또한 죄의 판단과 심판이 오직 주께 있음을 인식해야 합니다. 그래야 담대하게 증거할 수 있습니다.

이러한 어려움들은 공동체가 함께 풀어나가야 할 숙제입니다. 모두가 진실히 나누어야 하고, 서로를 품어 주고 지켜 줘야 합니다. 한 사람도 예외가 되어서는 안 됩니다. 누구보다 먼저 리더가 본을 보여야 합니다.

지금 이 시간, 공동체에서 나의 고백은 정직하고 진실한지, 누군가의 고백을 들을 때에 나의 태도는 어떠한지를 한번 돌아보면 좋겠습니다.

지금까지 우리는 큐티의 방법 4단계 '만나찾기 → 묵상하기 → 적용하기 → 증거하기' 중 마지막 '증거하기' 단계를 살펴보았습니다. 큐티는 어느 한 단계나 몇 단계에 무게를 두어서는 안 됩니다. 각 단계를 거쳐 마지막 '증거하기' 단계까지 와야 합니다. 그때에 하나님의 기쁘신 뜻과 우리의 사명이 삶 가운데 이루어질 것입니다.

이로써 시즌 1의 여정을 모두 마쳤습니다. 중요한 내용이 많이 있었지만, 제가 바라는 한 가지는 이전보다 큐티를 더 쉽게 느끼셨으면 하는 것입니다. 큐티를 하는 것이 더 이상 형식적인 것, 어려운 것이 아닌, 매일매일 하나님과 만나 기쁘게 동행하는 여정이 되시기를 바랍니다.

실 습 편

때가 되면 주저 없이 시절이 바뀌듯 두 번째 시즌은 시즌 1을 다 습득하지 못했을지라도 바로 진행됩니다. 앞에서 배운 이론이 실습으로 이어지고, 큐티의 방법이 열두 번 반복 훈련되어 자연스레 익혀지기 때문입니다. 저자가 만나를 찾는 8가지 방법으로 어떻게 큐티를 해나가는지를 관찰하면서 마음에 감동이 되는 질문을 가지고 성령님과 대화해보세요. 그리고 각 본문마다 예로 찾은 10개의 만나 중, 레슨의 주제에 해당하는 만나가 묵상하기 단계에서 어떻게 성령님과의 대화로 이어지는지를 주목해서 보세요. 묵상하기와 적용하기의 질문들은 복음과 복음적 삶, 즉 '예수 그리스도의 복음과 그분의 통치 아래 구원받은 백성으로서 합당히 행하는 삶, 하나님을 사랑하고 이웃을 사랑하는 삶'의 구조에 맞춰 성령님과 대화한 내용입니다. 각 레슨의 마지막에는 개인연습을 할 수 있는 별도의 공간(오늘만나 PT)이 있습니다.

SEASON 2

익히다

Lesson 1
단어 찾기

만나를 찾는 방법 중에 가장 기본이 되는 것은 성경말씀에서 '단어'를 찾는 것입니다.

성경은 만나를 '깟'이라는 식물의 씨앗(coriander seed, 고수의 씨앗)과 같다고 설명합니다(출애굽기 16:31). 즉, 만나는 아주 작은 씨앗을 의미합니다. 그러면 문장에서 씨앗처럼 가장 작은 단위는 무엇인가요? 바로 '단어'입니다. 씨앗은 문장에서 가장 작은 단위인 단어의 개념을 가집니다. 문장의 씨앗인 단어를 찾아 묵상하는 것은 만나찾기 방법 중 가장 기본이자, 가장 많이 사용하는 방법이므로 아주 중요합니다.

처음에 이스라엘 백성은 만나를 씨앗 채로 먹다가 후에는 만나를 모아 맷돌에 갈고 절구에 찧어(민수기 11:8) 굽거나 삶아서 먹었습니다(출애굽기 16:23). 만나를 여러 방법으로 먹은 것입니다. 이와 같이 우리는 씨앗 개념인 단어를 찾아 묵상할 수 있을 뿐 아니라 더 나아가 단어와 단어로 구성된 구절, 구절과 구절로 이루어진 문장, 문장과 문장을 연결한 단락으로 넓혀 가며 만나를 찾아 묵상할 수 있습니다.

성령님과의 친밀한 대화를 위해 기도와 찬송을 한 후, 본문말씀을 천천히 읽습니다.

사도행전 16:25-29

25 한밤중에 바울과 실라가 기도하고 하나님을 찬송하매 죄수들이 듣더라

26 이에 갑자기 큰 지진이 나서 옥터가 움직이고 문이 곧 다 열리며 모든 사람의 매인 것이 다 벗어진지라

27 간수가 자다가 깨어 옥문들이 열린 것을 보고 죄수들이 도망한 줄 생각하고 칼을 빼어 자결하려 하거늘

28 바울이 크게 소리 질러 이르되 네 몸을 상하지 말라 우리가 다 여기 있노라 하니

29 간수가 등불을 달라고 하며 뛰어 들어가 무서워 떨며 바울과 실라 앞에 엎드리고

25 About midnight Paul and Silas were praying and singing hymns to God, and the other prisoners were listening to them. 26 Suddenly there was such a violent earthquake that the foundations of the prison were shaken. At once all the prison doors flew open, and everybody's chains came loose. 27 The jailer woke up, and when he saw the prison doors open, he drew his sword and was about to kill himself because he thought the prisoners had escaped. 28 But Paul shouted, "Don't harm yourself! We are all here!" 29 The jailer called for lights, rushed in and fell trembling before Paul and Silas.

본문내용 빌립보에서 투옥된 바울과 실라가 한밤중에 기도와 찬송을 합니다. 그때 큰 지진이 나서 옥 안에 있는 죄수들의 매인 것이 다 벗어지고, 간수는 옥문들이 열린 것을 보고 죄수들이 도망간 줄 알고 자결하려 합니다. 그때 바울이 크게 소리 질러 간수의 자결을 막습니다. 이에 간수는 바울과 실라 앞에 엎드립니다.

만나찾기 말씀을 읽으며 묵상을 위한 만나찾기

한밤중

바울, 실라

기도, 찬송

간수, 죄수들

듣더라

옥터, 옥문들

생각

칼

자결

등불, 달라

- 성령님, 한밤중임에도 저를 잠 못 들게 하는 일은 무엇인가요? 혼자 끙끙 앓으면서 어느 누구에게도 도와 달라고 말하지 못하는 이유는 무엇인가요? 제 문제를 함께 나누고, 함께 기도할 바울과 실라는 누구인가요?

- 성령님, 한밤중에 간수는 잠이 든 반면, 죄수들은 깨어 있었습니다. 지금 저는 영적으로 잠들어 있는 간수인가요, 아니면 깨어 있는 죄인인가요? 성령 안에 깨어 기도하고 죄를 통회하고 자복해야 하는데, 제가 하나님께 나아가지 못하는 이유는 무엇인가요?

- 성령님, 죄수들은 바울과 실라의 기도와 찬송 소리를 들었습니다. 오늘 저는 누구를 위해, 그리고 무엇을 위해 소리내어 찬송하고 기도해야 할까요?

- 성령님, 큰 지진이 나서 옥터가 움직이고 옥문들이 열린 것처럼 제 안에 열려야 할 것은 무엇인가요? 주의 말씀이 제 마음을 흔들 때, 어떻게 반응하길 원하시나요?

- 성령님, 깜깜한 어둠 속에서 옥문들이 열린 것을 본 간수는 죄수들이 도망한 줄 생각하고 자결하려 했습니다. 이처럼 저도 마음과 생각이 어두울 때면 상황을 정확히 판단하지 못하고 행동할 때가 많습니다. 성령님, 이런 제 어두운 마음을 환히 비춰줄 등불은 무엇인가요? 지금 제가 다시 직시해야 할, 그래서 바르게 판단해야 할 상황은 무엇인가요?

- 성령님, 제가 제 자신을 향해 겨누고 있는 칼은 무엇인가요? 좌절감, 자괴감, 원망, 상처된 말, 정죄, 비관 등 이러한 칼을 내려놓고 제가 붙들어야 할 것은 무엇인가요?

- 성령님, 간수는 "등불을 달라"고 하며 옥 안으로 뛰어들어갔습니다. 본문에는 나오지 않지만, 이는 분명 누군가가 그의 옆에 존재하고 있었음을 의미합니다. 이처럼 항상 제 곁에서 제가 등불을 달라고 요청할 때마다 건네주시는 분은 누구인가요? 제가 항상 주목하고 인식해야 할 분은 누구인가요?

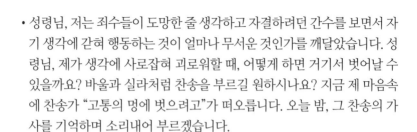

- 성령님, 저는 죄수들이 도망한 줄 생각하고 자결하려던 간수를 보면서 자기 생각에 갇혀 행동하는 것이 얼마나 무서운 것인가를 깨달았습니다. 성령님, 제가 생각에 사로잡혀 괴로워할 때, 어떻게 하면 거기서 벗어날 수 있을까요? 바울과 실라처럼 찬송을 부르길 원하시나요? 지금 제 마음속에 찬송이 "고통의 멍에 벗으려고"가 떠오릅니다. 오늘 밤, 그 찬송의 가사를 기억하며 소리내어 부르겠습니다.

- 성령님, 저를 위해 기도해줄 바울과 실라는 누구인가요? 제가 갇혀 있는 '현실의 옥'에 들어와 함께 해주는 그들은 누구인가요? 제가 오늘 그들에게 연락해서 만날 수 있도록, 제 고민을 나눌 수 있도록 용기를 주세요. 그들을 통해 구원하시는 하나님을 경험하게 해주세요.

- 성령님, 두려움, 의심, 불안, 미움, 저주 등 저를 묶고 있는 부정적인 감정은 무엇인가요? 지금 이 사슬들이 하나씩 벗겨지도록 예수 그리스도의 이름을 선포하겠습니다.

- 성령님, 제 주변에 '간수'처럼 행동하고 있는 사람은 누구인가요? 요즘따라 성급히 결정하고 조급해 보이는 그는 누구인가요? 지금 그에게 연락해서 안부를 묻고 돕겠습니다.

- 성령님, 등불 되시는 예수님으로 인해 간수가 살았고, 저도 새 생명을 얻었습니다. 지금 이 시간, 간수가 등불을 달라고 다급히 외친 것처럼 저도 지체하지 않고 소리내어 기도하길 원합니다. "예수님, 큐티를 할 때마다 등불 되시는 예수님을 더욱 만나게 해주세요. 큐티할 때, 성령님과 대화할 수 있도록 제 입을 열어 주세요. 성령님의 음성을 들을 수 있도록 제 귀를 열어 주세요. 성령님과 친밀하게 대화할 수 있도록 제 마음을 열어 주세요. 제 삶의 등불 되시는 예수님의 이름으로 기도합니다. 아멘."

묵상한 말씀을 붙들고, 적용을 위한 순종의 힘을 달라고 기도합니다.

1. 묵상말씀 : 말씀 속에서 찾은 만나

제가 찾은 만나는 25절에 나오는 단어인 '기도'입니다.

2. 묵상내용 : 찾은 만나로 성령님과 대화한 내용

묵상 가운데 성령님은 "찬송은 소리내어 하면서 왜 기도는 그렇게 하지 않느냐?"고 물으셨습니다. 처음에는 그 이유가 떠오르지 않다가 성령님께서 말씀의 등불로 비춰 주시자, 과거의 한 기억이 떠올랐습니다. 오래전, 저는 회중 앞에서 기도하다가 큰 실수를 한 이후로 소리내어 기도하는 것을 꺼리고 속으로만 기도해왔던 것입니다. 그래서 지금까지 '과거의 실수와 실패'라는 옥에 갇혀, 사람들의 판단과 시선이라는 차꼬에 묶여, 자괴감과 두려움이라는 사슬에 매여 살아온 것입니다.

3. 적용내용 : 묵상한 말씀을 삶에 순종한 내용

저는 성령님께 "어떻게 하면 이 옥에서 벗어날 수 있나요?"라고 물었습니다. 그러자 성령님은 제 안에 있는 자존심과 완벽주의 성향, 칭찬받기 원하는 마음, 실수할까 봐 두려워하는 마음을 십자가에 못 박으라고 말씀하셨습니다. 그리고 지금 바로 입을 열어 기도하라고 명령하셨습니다. 성령님은 처음엔 눈을 감지 말고 묵상한 말씀을 선포하며 짧게 기도하라고 권면하셨습니다. 하나님 앞에서 하다 보면 사람들 앞에서도 할 수 있을 것이라고 용기도 주셨습니다. 제 부르짖는 기도를 통해 매여 있는 사람들이 풀려날 것이라는 약속도 주셨습니다. 저는 제 심령을 강하게 흔드시는 성령님께 순종하여 기도하기 시작했습니다. 그러자 닫혀 있던 입이 열렸습니다. 이로써 저는 하나님이 주신 '장래의 소망'으로 인해 '과거의 실패'라는 옥에서 나오게 되었습니다.

4. 나를 만나주신 하나님 : 말씀 속에서, 삶 속에서 만난 하나님

저는 본문말씀을 통해 말씀하시는 하나님, 등불 되시는 하나님, 옥문을 열어 주시는 하나님, 매인 것을 풀어 자유케 하시는 하나님, 장래에 소망을 주시는 하나님을 만났습니다.

성령님과의 친밀한 대화를 위해 기도와 찬송을 한 후, 본문말씀을 천천히 읽습니다.

ᯤ 만나찾기

📖 묵상하기

🌲 적용하기

묵상한 말씀을 붙들고, 적용을 위한 순종의 힘을 달라고 기도합니다.

🎁 증거하기

1. 묵상말씀

2. 묵상내용

3. 적용내용

4. 나를 만나주신 하나님

Lesson 2
반복 문구 찾기

만나를 찾을 때 반복되는 단어, 구절, 문장을 주의 깊게 봅니다.

일상에서 같은 말을 반복해서 하는 것은 그 내용이 중요하기 때문입니다. 성경도 마찬가지입니다. 성경 말씀을 읽다 보면 반복되는 내용이 자주 눈에 들어옵니다. 이는 성경의 저자이신 성령님께서 우리가 성경을 잘 이해하고 그 말씀을 마음속 깊이, 또 오래 새기도록 '강조'하시는 내용입니다.

큐티할 때 반복 문구를 만나로 찾아 성령님께 물어보세요. 그러면 특별히 강조하여 말씀하시는 하나님의 뜻이 무엇인지를 가르쳐 주실 것입니다.

성령님과의 친밀한 대화를 위해 기도와 찬송을 한 후, 본문말씀을 천천히 읽습니다.

사도행전 1:6-11

6 그들이 모였을 때에 예수께 여쭈어 이르되 주께서 이스라엘 나라를 회복하심이 이 때이니이까 하니
7 이르시되 때와 시기는 아버지께서 자기의 권한에 두셨으니 너희가 알 바 아니요
8 오직 성령이 너희에게 임하시면 너희가 권능을 받고 예루살렘과 온 유대와 사마리아와 땅 끝까지 이르러 내 증인이 되리라 하시니라
9 이 말씀을 마치시고 그들이 보는데 올려져 가시니 구름이 그를 가리어 보이지 않게 하더라
10 올라가실 때에 제자들이 자세히 하늘을 쳐다보고 있는데 흰 옷 입은 두 사람이 그들 곁에 서서
11 이르되 갈릴리 사람들아 어찌하여 서서 하늘을 쳐다보느냐 너희 가운데서 하늘로 올려지신 이 예수는 하늘로 가심을 본 그대로 오시리라 하였느니라

6 So when they met together, they asked him, "Lord, are you at this time going to restore the kingdom to Israel?" 7 He said to them: "It is not for you to know the times or dates the Father has set by his own authority. 8 But you will receive power when the Holy Spirit comes on you; and you will be my witnesses in Jerusalem, and in all Judea and Samaria, and to the ends of the earth." 9 After he said this, he was taken up before their very eyes, and a cloud hid him from their sight. 10 They were looking intently up into the sky as he was going, when suddenly two men dressed in white stood beside them. 11 "Men of Galilee," they said, "why do you stand here looking into the sky? This same Jesus, who has been taken from you into heaven, will come back in the same way you have seen him go into heaven."

본문내용 부활하신 예수님은 제자들에게 "성령이 임하시면 권능을 받고 땅 끝까지 가서 내 증인이 되리라"고 말씀하신 후에 승천하십니다. 제자들이 그 모습을 쳐다보고 있을 때, 천사들이 나타나 예수님의 재림에 대해 말합니다.

만나찾기 말씀을 읽으며 묵상을 위한 만나찾기

예수께 여쭈어
....

이스라엘 나라를 회복
....

이 때, 때와 시기: 반복
....

너희가 알 바 아니요
....

예루살렘
....

보는데, 본 그대로: 반복
....

하늘을 쳐다보고, 하늘을 쳐다보느냐: 반복
....

하늘을(10,11절), 하늘로: 반복
....

서서(10,11절): 반복
....

갈릴리 사람들아

- 성령님, 저는 제자들처럼 예수님께 여쭈는 자인가요? 성령님이 늘 함께 하시는데, 제가 여쭈지 못하는 이유는 무엇인가요?

- 성령님, 예수님은 이스라엘을 회복하시는 때를 묻는 제자들에게 '때와 시기'는 너희가 알 바 아니라고 대답하셨습니다. 사실 저도 '하나님 나라의 회복'에 대한 의문은 뒷전이고, 가장 먼저 '때'가 궁금합니다. 성령님, 이 제 '때'는 아버지께 맡기고 제가 알아야 할 것은 무엇인가요? 그것은 '이 스라엘 나라의 회복'(6절, 공동체적 개념)과 '증인의 사명'(8절, 개인적 개념)인데, 둘 중 제게 필요한 회복은 무엇인가요?

- 성령님, 예수님은 먼저 '예루살렘'에서 증인이 되라고 하셨는데, 그곳은 예수님이 더 이상 계시지 않는 상실의 곳, 예수님의 제자이기에 핍박받 을 수 있는 위험한 곳입니다. 성령님, 제가 이러한 어려움을 극복하고 반 드시 가야 할 '예루살렘'은 어디인가요?

- 성령님, 예수님은 제자들이 보는데 승천하셨고, 천사들은 제자들에게 하 늘로 가심을 본 그대로 예수님이 오실 것이라고 말했습니다. 성령님, 지금 저는 다시 오실 예수님을 기다리며 살아가고 있나요?

- 성령님, 구름이 예수님을 가렸듯 제가 보려고 애쓰지 말아야 할 것과 하 염없이 보고만 있지 말아야 할 것은 무엇인가요?

- 성령님, 천사는 하늘을 쳐다보고 있는 제자들에게 왜 하늘을 쳐다보느냐고 묻습니다. 오늘 말씀에서 제가 자세히 쳐다보고 있는 것은 무엇인가요? 예수님인가요, 아니면 성경 지식인가요?

- 성령님, 영어성경으로 보니 '서서'(11절)는 'stand here'로, 즉 '여기 서서' 하늘만 쳐다보지 말라는 의미입니다. 성령님, 제가 하늘만 쳐다보며 서 있는 이곳에서 'move there', 즉 '움직여 가야 할 저곳'은 어디인가요?

- 성령님, 제가 '예루살렘의 증인', '온 유대의 증인', '사마리아의 증인', '땅 끝의 증인'이 되기 위해 버려야 할 '갈릴리 사람'의 모습은 무엇인가요?

적용하기

- 성령님, 어떻게 하면 제 마음을 성령님께 잘 표현할 수 있을까요? 오늘은 큐티할 때 생각만 하지 않고, 펜을 들고 적겠습니다. 찾은 만나를 육하원 칙에 맞춰 성령님께 묻겠습니다.

- 성령님, 지금 제가 신경 쓰고 있는 일이 이루어질 '때'는 주님께 맡기고, 증인의 사명을 회복하기 위해 제가 가야 할 곳은 어디인가요? 그곳으로 인도해주세요.

- 성령님, 혹시 제가 가장 먼저 가야 할 예루살렘이 제 마음인가요? 제가 직면해야 할 제 안에 상한 감정은 무엇인가요? 그 감정에 매이지 않으려 면 어떻게 해야 하나요? 저는 예수 그리스도와 함께 십자가에 못 박혀 죽 었는데, 왜 자꾸 상한 감정들이 살아나나요? 예수님을 상실한 채로 살아 가고 있는 저를 용서해주세요.

- 성령님, 제가 승천하시는 예수님의 모습(표정, 시선, 말투, 억양, 몸짓과 손짓 등)에서 주목하여 보길 원하시는 것은 무엇인가요? 오늘 제가 만난 예수님을 누 구에게 전하길 원하시나요? 저도 그를 통해 예수님의 모습을 볼 수 있도 록 도와주세요.

- 성령님, 오늘 저는 어디를 택하여 가야 할까요? 그곳에서 무엇을 전해 야 할까요? 제가 복음을 부끄러워하지 않고 담대히 전하도록 용기를 주 세요.

- 성령님, 지금은 잠시 구름 뒤에 가려져 있지만, 구름이 걷히면 반드시 보 이게 될 제 죄와 허물은 무엇인가요? 이 시간, 주 앞에 겸손히 나아가 회 개합니다. 또한 모든 죄는 주의 등 뒤로 던져졌으므로(이사야 38:17) 저도 다 시는 주님의 등 뒤에서 제 죄를 꺼내지 않겠습니다.

묵상한 말씀을 붙들고, 적용을 위한 순종의 힘을 달라고 기도합니다.

1. 묵상말씀 : 말씀 속에서 찾은 만나

제가 찾은 만나는 10, 11절에서 반복되어 나오는 '하늘을 쳐다보고'와 '하늘을 쳐다보느냐'라는 구절입니다.

2. 묵상내용 : 찾은 만나로 성령님과 대화한 내용

저는 찾은 만나로 묵상하기 위해 성령님의 지시대로 말씀 속으로 들어가 제자들 곁에 서서 하늘을 쳐다보았습니다. 승천하시는 예수님과 구름을 본 순간, 성령님은 오래전에 본 '주님과 구름'을 기억나게 하셨습니다. 어느 날, 저는 교인들과 여행을 가던 중에 차 안에서 'LORD'(주)라는 글자 모양의 구름을 보고 모두 함께 기뻐한 적이 있습니다. 그 후 몇 분이 지나지 않아 큰 교통사고를 당할 상황에서 벗어났고, 그때 저희는 삶의 매순간을 다스려 주시는 주님께 감사하며 찬양했습니다.

3. 적용내용 : 묵상한 말씀을 삶에 순종한 내용

저는 성령님께 왜 이 일을 기억나게 하시냐고 물었고, 성령님은 "지금 누가 그 일의 증인이 되어 살아가느냐?"고 말씀하셨습니다. 저는 다음 큐티모임에서 이 일을 꼭 증거하며 '예수님의 주 되심'(Lordship)을 선포하겠다고 고백했습니다. 이후 성령님은 구름과 관련된 또 다른 기억을 떠올려 주셨습니다. 친구가 보내준 사진을 보다가 하트 모양의 구름을 발견하고 두 딸과 함께 매우 기뻐했는데, 성령님은 이 기억을 통해 저와의 말다툼으로 인해 마음이 상한 둘째 딸을 사랑으로 용서하고 구름으로 그 허물을 덮어 주라고 말씀하셨습니다. 돌아보니 제가 가기 싫은 예루살렘은 둘째 딸의 마음이었고, 그 자리에서 꼼짝하기 싫은 저는 여전히 '갈릴리 사람'이었습니다. 저는 "네, 성령님" 하고 딸에게 말을 건넸지만 다정한 말투는 아니었습니다. 답답한 마음에 밖으로 나가 맑은 하늘을 바라보며 딸에게 사랑의 손길을 다시 내밀 수 있도록 성령님의 도우심을 구했습니다.

4. 나를 만나주신 하나님 : 말씀 속에서, 삶 속에서 만난 하나님

저는 본문말씀을 통해 다스리시는 '주' 되신 하나님, 보여 주시고 가려 주시고 기억나게 하시는 하나님, 나를 증인 삼으시는 하나님, 선하신 뜻 가운데 나를 옮기시는 하나님, 다시 오실 예수님을 만났습니다.

오늘만나 PT

성령님과의 친밀한 대화를 위해 기도와 찬송을 한 후, 본문말씀을 천천히 읽습니다.

🔍 만나찾기

📖 묵상하기

🌳 적용하기

묵상한 말씀을 붙들고, 적용을 위한 순종의 힘을 달라고 기도합니다.

🎁 증거하기

1. 묵상말씀

2. 묵상내용

3. 적용내용

4. 나를 만나주신 하나님

Lesson 3
사전, 쉬운말번역성경, 영어성경 찾기

찾은 만나의 의미를 '사전', '쉬운말번역성경', '영어
성경'을 통해 다시 확인합니다.

때론 찾은 만나가 생소한 단어이거나 어렵고 이해
하기 어려운 한자어인 경우가 있습니다. 그때 내가
잘 모른다고 하여 그 만나를 지나치면 안 됩니다. 분
명 그것을 찾게 하신 성령님의 뜻이 있기 때문입니
다. 찾은 만나의 의미를 분명히 알기 위해서는 사전
(표준국어대사전, 백과사전, 성경사전 등)과 영어성경(NIV,
ESV, KJV 등), 그리고 성경에 쓰여진 원어를 우리 말로
쉽게 번역하거나 문맥을 이해하기 쉽게 의역한 한
글 번역본(새번역성경, 현대인의 성경 등)을 찾아보면 좋
습니다.

조금은 번거롭지만 사전, 쉬운말번역성경, 영어성경
으로 묵상한 말씀을 다시 확인하는 습관을 들이기를
바랍니다. 만나(단어, 구절, 문장)의 의미를 잘 알아야 성
령님께 구체적으로 질문할 수 있기 때문입니다.

성령님과의 친밀한 대화를 위해 기도와 찬송을 한 후, 본문말씀을 천천히 읽습니다.

역대상 22:2-5

2 다윗이 명령하여 이스라엘 땅에 거류하는 이방 사람을 모으고 석수를 시켜 하나님의 성전을 건축할 돌을 다듬게 하고

3 다윗이 또 문짝 못과 거멀못에 쓸 철을 많이 준비하고 또 무게를 달 수 없을 만큼 심히 많은 놋을 준비하고

4 또 백향목을 무수히 준비하였으니 이는 시돈 사람과 두로 사람이 백향목을 다윗에게로 많이 수운하여 왔음이라

5 다윗이 이르되 내 아들 솔로몬은 어리고 미숙하고 여호와를 위하여 건축할 성전은 극히 웅장하여 만국에 명성과 영광이 있게 하여야 할지라 그러므로 내가 이제 그것을 위하여 준비하리라 하고 다윗이 죽기 전에 많이 준비하였더라

2 So David gave orders to assemble the aliens living in Israel, and from among them he appointed stonecutters to prepare dressed stone for building the house of God. 3 He provided a large amount of iron to make nails for the doors of the gateways and for the fittings, and more bronze than could be weighed. 4 He also provided more cedar logs than could be counted, for the Sidonians and Tyrians had brought large numbers of them to David. 5 David said, "My son Solomon is young and inexperienced, and the house to be built for the LORD should be of great magnificence and fame and splendor in the sight of all the nations. Therefore I will make preparations for it." So David made extensive preparations before his death.

본문내용 다윗은 죽기 전까지 성전을 건축할 아들 솔로몬을 위해 필요한 재료들을 준비합니다. 그는 돌, 철, 놋, 백향목 등 재료의 종류나 수량, 운송 방법(수운)과 참여할 사람(이방 사람)에 있어 제한 없이 준비합니다.

만나찾기 말씀을 읽으며 묵상을 위한 만나찾기

다윗
....
내 아들 솔로몬
....
이방 사람: 사전
....
석수: 사전
....
하나님의 성전, 여호와를 위하여 건축할 성전: 반복, 영어성경
....
거멀못: 사전, 쉬운말번역성경, 영어성경
....
많이(3,4,5절), 많은, 무수히: 반복
....
준비(3,4,5절): 반복
....
수운하여: 사전
....
어리고 미숙하고: 사전, 쉬운말번역성경, 영어성경

- 성령님, 다윗은 이방 사람을 모으는 것으로부터 성전 건축 준비를 시작했습니다. 이스라엘에 살면서 소외감을 느꼈을 그들에게 이 일은 얼마나 기쁜 일이었을까요? 주님은 이방인인 제게도 주의 일을 맡기셨는데, 저는 그 일을 기쁨으로 감당하고 있나요? 저는 교회 공동체에 잘 참여하는 자인가요, 아니면 그 안에서 이방인처럼 행동하는 자인가요?

- 성령님, 이방 사람들은 돌을 다루어 물건을 만드는 석수 일을 하면서 얼마나 몸이 상하고 고되었을까요? 이처럼 저도 주의 일을 하다가 몸이 상할 때가 종종 있는데, 이럴 때는 어떻게 이겨내야 하나요? 육신의 고통을 이기는 하늘의 기쁨은 무엇인가요? 예수님의 못 자국 난 손과 창에 찔린 옆구리처럼 주의 일을 하다가 얻은 제 몸의 흔적은 무엇인가요? 몸이 고되어도 기쁘게 마쳐야 할 일은 무엇인가요?

- 성령님, '성전'을 영어성경(NIV)으로 보면 'house'(집)입니다. '하나님의 성전'을 '하나님의 집'으로 묵상하니 하나님이 울타리 같은 아버지로, 보금자리 같은 어머니로 느껴집니다. 성령님, 저희 집은 '하나님의 집'으로 세워졌나요? 하나님께 아버지 역할, 어머니 역할을 내어드렸나요?

- 성령님, 거멀못은 꺽쇠(현대인의성경)로 나무 그릇 따위의 터지거나 벌어진 곳, 또는 벌어질 염려가 있는 곳에 거멀장(가구나 나무 그릇의 사개를 맞춘 모서리에 걸쳐 대는 쇳조각)처럼 겹쳐서 박는 못으로 잘 맞게 이어주는(for the fittings) 역할을 합니다. 성령님, 죄인인 저를 하나님과 만나도록 거멀못이 되어준 사람은 누구인가요? 날마다 주님과 맞닿도록 연결해주는 그 거멀못은 무엇인가요?

- 성령님, '어리고 미숙하고'를 사전, 쉬운말번역성경, 영어성경으로 찾아보니 '어리고 경험이 없어서 익숙하지 못해 서투르다'는 뜻이었습니다. 저는 어떠한가요? 혹 제가 미숙한 채로 섣불리 시작한 일은 무엇인가요?

- 성령님, 장래를 위해 "내가 이제 그것을 위하여 준비하리라"(5절)고 결심해야 할 일은 무엇인가요? 다음 세대를 위해 무수히 준비해야 할, 죽기 전까지 준비해야 할 일은 무엇인가요? 그 일의 속도를 내기 위해 수운(강이나 바다를 이용하여 사람이나 물건을 배로 실어 나름)해서 공급해야 할 재료는 무엇인가요?

- 성령님, 신앙 공동체 안에서 제 안에 기쁨과 감사가 사라진 이유는 무엇 인가요? 어떻게 하면 다시 그것들을 누릴 수 있을까요? 공동체 안에서 제 가 준비하고 세워나가야 할 것이 무엇인지 가르쳐 주세요.

- 성령님, 제가 공동체 안에서 '이방 사람' 취급하는 사람은 누구인가요? 오늘 그를 찾아가 용서를 구하겠습니다.

- 성령님, 제 주위에 '석수' 같이 고된 일을 하느라 지쳐 있는 사람은 누구 인가요? 어떻게 하면 제가 그의 짐을 나눠질 수 있을까요, 그에게 힘을 줄 수 있을까요? 오늘 그에게 연락해 주말에 식사대접을 하고 싶다고 전 하겠습니다.

- 성령님, 저희 집은 하나님의 집입니다. 오늘 하나님의 집을 열어 아버지와 어머니의 마음으로 영접할 사람은 누구인가요? 어떻게 하면 저희 집에 오 는 사람들이 하나님의 품을 느낄 수 있을까요? 성령님, 오늘 저희 집에 오 는 손님들을 따스한 바람과 숨결로 맞아주세요.

- 성령님, 저는 거멀못처럼 두 사람을 연결시키는 역할을 할 때마다 그들 로부터 이방인 취급을 받곤 합니다. 제가 주께서 맡기신 '거멀못 역할'에 충성하기 위해 취해야 할 마음과 행동은 무엇인가요? 성령님, 오늘도 제 가 거멀못 역할을 잘할 수 있도록 인도해주세요. 망치로 세게 내리치는 아픔을 당할지라도 단단하게 잘 박힌 못이 되게 해주세요.

- 성령님, 저는 준비하는 다윗인가요, 실행하는 솔로몬인가요? 미숙한 저 를 위해 붙여 주신 '준비하는 사람, 다윗'은 누구인가요? 지금은 어리고 미숙하지만 장성하여 지혜로운 사람, 건축하는 사람이 될, 그래서 신뢰 하며 기다려 줄 '솔로몬'은 누구인가요? 혹 저희 자녀들인가요? 제가 자 녀들을 위해 준비해야 할 '재료'는 무엇인가요? 오늘부터 그것들을 잘 준 비할 수 있도록 지혜를 주세요.

묵상한 말씀을 붙들고, 적용을 위한 순종의 힘을 달라고 기도합니다.

1. 묵상말씀 : 말씀 속에서 찾은 만나

제가 찾은 만나는 3절에 나오는 '거멀못'입니다.

2. 묵상내용 : 찾은 만나로 성령님과 대화한 내용

저는 '거멀못'이 무엇인지 알기 위해 사전, 영어성경, 현대인의 성경을 찾아보았습니다. 그것은 잘 맞도록 이어주는 꺽쇠였습니다. 저는 꺽쇠의 의미를 묵상하는 가운데 하나님과의 끊어진 관계를 이어주신 예수님이 떠올랐습니다. 솔직히 요즘 저는 예수님께 잘 붙어 있지 못했습니다. 그래서 성령님께 제게 필요한 '거멀못'이 무엇인지를 물었습니다. 성령님은 그 거멀못이 하나님의 말씀이고, 큐티는 주님과 연결시켜 주는 공정(진척과정)이라고 알려 주셨습니다. 큐티는 성전을 건축하는 공사이므로 제가 그 공정을 잘 따라가면, 하나님의 성전으로 잘 지어지고, 성숙한 '말씀의 사람', '예수 그리스도의 사람'으로 잘 세워질 것이라고 알려 주셨습니다.

3. 적용내용 : 묵상한 말씀을 삶에 순종한 내용

저는 큐티의 방법 4단계 중에 가장 미숙한 부분이 무엇인지를 물었고, 성령님은 '묵상하기' 단계라고 알려 주셨습니다. 저는 왜 성령님과의 대화가 어려운지, 왜 잘 묻지 못하는지를 고민하면서 오늘부터 찾은 만나로 세 가지 질문을 만들어 보기로 결심했습니다. 성령님의 음성도 귀 기울여 듣고 기록하기로 했습니다. 이렇게 하니 늘 조급했던 예전과 달리 차분히 앉아 질문하고 답을 쓰는 등 준비된 사람이 된 듯했습니다. 제가 '하나님의 성전'으로 지어져 가리라는 소망도 생겼습니다. 저는 큐티를 통해 신앙의 나이테가 한 층 쌓인 듯해 마음이 기뻤습니다.

4. 나를 만나주신 하나님 : 말씀 속에서, 삶 속에서 만난 하나님

저는 본문말씀을 통해 거멀못 되시는 하나님, 나를 거멀못으로 사용하시는 하나님, 나를 성전으로 지어가시는 하나님, 큐티를 통해 '말씀의 사람', '예수 그리스도의 사람'으로 세워가시는 하나님, '준비하는 다윗', '건축하는 솔로몬'으로 세워가시는 하나님, 성숙한 신앙인으로 성장시키시는 하나님, 다음 세대를 위해 준비시키시는 하나님을 만났습니다.

성령님과의 친밀한 대화를 위해 기도와 찬송을 한 후, 본문말씀을 천천히 읽습니다.

🔭 만나찾기

📖 묵상하기

🌳 적용하기

묵상한 말씀을 붙들고, 적용을 위한 순종의 힘을 달라고 기도합니다.

🎁 증거하기

1. 묵상말씀

2. 묵상내용

3. 적용내용

4. 나를 만나주신 하나님

Lesson 4
비교 문구 찾기

만나를 찾을 때 말씀 속에 나오는 비교 문구를 주의 깊게 봅니다. 비교란, 둘 이상의 사물을 견주어 서로 간의 유사점, 차이점, 일반 법칙 따위를 고찰하는 것입니다(표준국어대사전).

성경말씀을 읽다 보면 서로 비슷하거나 달라서 비교가 되는 문구가 많이 나옵니다. 예를 들어, 하나님 나라와 세상, 하나님과 사람, 사람이나 사물, 시간과 공간, 사고(명사)와 행동(동사), 영혼육의 일 등입니다. 여러 비교 문구를 찾아 이들의 공통점과 다른 점을 생각하고, 거기서 발견한 다양한 관점을 붙들고 성령님과 대화를 나누어 보세요. 그러면 어떻게 살아야 하는지, 무엇을 택해야 하는지 등 구체적인 행동과 삶의 방향을 가르쳐 주실 것입니다.

성령님과의 친밀한 대화를 위해 기도와 찬송을 한 후, 본문말씀을 천천히 읽습니다.

사도행전 1:12-14

¹² 제자들이 감람원이라 하는 산으로부터 예루살렘에 돌아오니 이 산은 예루살렘에서 가까워 안식일에 가기 알맞은 길이라

¹³ 들어가 그들이 유하는 다락방으로 올라가니 베드로, 요한, 야고보, 안드레와 빌립, 도마와 바돌로매, 마태와 및 알패오의 아들 야고보, 셀롯인 시몬, 야고보의 아들 유다가 다 거기 있어

¹⁴ 여자들과 예수의 어머니 마리아와 예수의 아우들과 더불어 마음을 같이하여 오로지 기도에 힘쓰더라

¹² Then they returned to Jerusalem from the hill called the Mount of Olives, a Sabbath day's walk from the city. ¹³ When they arrived, they went upstairs to the room where they were staying. Those present were Peter, John, James and Andrew; Philip and Thomas, Bartholomew and Matthew; James son of Alphaeus and Simon the Zealot, and Judas son of James. ¹⁴ They all joined together constantly in prayer, along with the women and Mary the mother of Jesus, and with his brothers.

본문내용 예수님이 승천하신 후, 제자들은 예루살렘으로 돌아옵니다. 그들은 약속하신 성령을 기다리기 위해 다락방에 모여 여자들, 예수님의 가족들과 한마음으로 기도에 힘씁니다.

만나찾기 말씀을 읽으며 묵상을 위한 만나찾기

* 서로 비교되는 그룹은 '/'로 표시했습니다.

제자들, 여자들: 비교

감람원, 예루살렘, 다락방: 영어성경, 비교

돌아오니, 들어가, 올라가니: 비교

베드로, 요한, 야고보 / 안드레와 빌립, 도마와 바돌로매, 마태와 야고보: 비교

안드레와 빌립, 도마와 바돌로매, 마태와 및 알패오의 아들 야고보: 비교

알패오의 아들 야고보, 셀롯인 시몬, 야고보의 아들 유다: 비교

알패오의 아들, 야고보의 아들, 예수의 어머니, 예수의 아우들: 비교

셀롯인: 사전, 쉬운말번역성경, 영어성경

오로지: 사전, 쉬운말번역성경, 영어성경

기도에 힘쓰더라

- 성령님, 감람원(hill)에서 예수님의 승천을 본 제자들은 예루살렘(city)으로 돌아와 다락방(room)에 모입니다. 산에서 시로, 시에서 방으로 점점 좁혀진 장소는 기도할 곳이었습니다. 성령님, 이와 같이 제가 현재 위치에서 더 좁혀 가야 할 곳은 어디인가요?

- 성령님, 제자들은 다락방으로 가기 위해 감람원에서 돌아왔고 예루살렘에 들어갔고 다락방으로 올라갔습니다. 그들은 목적지까지 계속 움직였습니다. 성령님 이처럼 제가 돌아가야 할 곳, 들어가야 할 곳, 올라가야 할 곳은 각각 어디인가요? 움직여야 하는데 꼼짝하지 않고 있는 이유는 무엇인가요?

- 성령님, 제자들의 이름은 베드로, 요한, 야고보, 안드레와 빌립, 도마와 바돌로매, 마태와 및 알패오의 아들 야고보였습니다. 앞에 셋은 각자 언급되었고, 나머지는 둘로 묶여 나옵니다. 이처럼 혼자일 때가 있고 둘로 묶일 때가 있는데, 지금 저는 어디에 속해 있나요? 혼자서 해야 할 일은 무엇이고, 둘이서 함께 해야 할 일은 무엇인가요? 둘로 묶일 제 파트너는 누구인가요?

- 성령님, 몇 제자는 이름 앞에 알패오의 아들, 셀롯인, 야고보의 아들이라는 수식어가 붙습니다. 그중 시몬은 '셀롯인'이라 불렸는데, 셀롯(Zealot)은 '열정적'이라는 뜻이고, 셀롯인은 유대의 극단적 열심당원을 말합니다. 성령님, 저는 누구를 위해, 무엇을 위해 열정을 다하는 '셀롯인'이 되어야 할까요?

- 성령님, 제자들은 여자들, 예수님의 어머니와 아우들과 더불어 마음을 같이 하여 오로지 기도에 힘썼습니다. '오로지'(constantly)는 오직 한 방향, 한 길로 끊임없이 나아가는 모습을 뜻합니다. 성령님, 제가 이처럼 오로지 힘써야 할 것은 무엇인가요?

- 성령님, 제자들은 예수님이 승천하시고 열흘 후에 약속하신 성령을 받았습니다. 그 열흘 동안 제자들이 붙든 것은 '예수님의 약속'이었습니다. 이처럼 때를 기다릴 수 있는 힘은 언약인데, 제가 상기해야 할, 다시 붙들어야 할 약속은 무엇인가요?

적
용
하
기

- 성령님, 제자들은 예수님의 말씀에 순종하여 약속하신 성령을 기다리며 다락방에서 오로지 기도에 힘썼습니다. 이들처럼 때를 기다리며 기도할 나의 다락방은 어디인가요? 오늘부터 제게 주신 약속의 말씀을 붙잡고 그곳에서 매일 10분 이상 기도하겠습니다.

- 성령님, 오늘 저와 마음을 나누는 기도 파트너를 돌아보려고 합니다. 지금 그는 감람원에 머물러 있나요, 기도의 다락방에 있나요? 기도의 자리에 있지 않다면, 그가 다락방으로 올라올 수 있도록 제가 할 수 있는 일은 무엇인가요? 제자들이 각각 흩어져 기도하지 않고 함께 모여 했듯, 저도 이번 주에 수요예배와 중보기도모임에 참여하여 기도에 힘쓰겠습니다.

- 성령님, 저도 '예수 셀롯인', '큐티 셀롯인'이라고 불려지길 원합니다. 그런데 지금 제 열정은 어디를 향해 있나요? 요즘 드라마에 푹 빠져 있는 제 모습을 봅니다. 오늘은 텔레비전 리모콘 대신 펜을 잡고 성경말씀을 깊이 묵상할 수 있도록 도와주세요.

- 성령님, 지금 제가 잘못된 열심을 내고 있는 일은 무엇인가요? 공동체 안에서, 혹은 주의 일을 하면서 극단적인 모습을 보이고 있다면 그것은 무엇인가요? '유대의 극단적 열심당원'처럼 '오직 유대'라는 한편에 치우친 모습은 무엇인가요? 제가 오직 한국인, 오직 기독교인으로서 고집해야 할 일과 고집하지 말아야 할 일은 무엇인가요? 그것들을 잘 분별하여 행동할 수 있도록 도와주세요.

- 성령님, 제자들은 예수님이 승천하신 후 10일째 되는 날에 약속하신 선물 '성령'을 받았습니다. 제 주위에 이 선물을 기다리고 있는 사람은 누구인가요? 오늘이 선물을 받는 10일째 되는 날이라고 격려해줄 사람은 누구인가요? 혹시 오늘이 다 지나도록 약속하신 것을 받지 못한다면, 위로하며 같이 기도하고, 함께 기다려줄 사람은 누구인가요? 성령님, 오늘 그를 위해 기도의 다락방으로 올라가겠습니다.

묵상한 말씀을 붙들고, 적용을 위한 순종의 힘을 달라고 기도합니다.

1. 묵상말씀 : 말씀 속에서 찾은 만나

제가 찾은 만나는 13절에 나오는 비교 문구인 '알패오의 아들 야고보, 셀롯인 시몬, 야고보의 아들 유다'입니다.

2. 묵상내용 : 찾은 만나로 성령님과 대화한 내용

저는 야고보, 시몬, 유다 앞에 붙은 수식어를 보면서 유사점과 차이점을 찾았습니다. 야고보와 유다는 '아버지의 아들'로 소개되는 반면, 시몬은 '셀롯인'이라는 별칭이 붙어 있었습니다. 저는 별칭이 붙을 만큼 유대의 극단적 열심당원으로 활동한 시몬이 성령을 받은 이후로는 '예수의 극단적 열심당원'으로 살지 않았을까 하는 생각을 해보았습니다. 저는 이렇게 셀롯인을 묵상하면서 저도 예수에 열정적인 사람 '예수 셀롯인', 큐티에 열정적인 사람 '큐티 셀롯인'이라는 호칭이 붙으면 좋겠다고 고백했습니다.

3. 적용내용 : 묵상한 말씀을 삶에 순종한 내용

예수 셀롯인! 큐티 셀롯인! 저는 이 영광스러운 호칭으로 불리기를 소원하며 성령님께 "어떻게 하면 예수님과 큐티에 대한 열정을 키울 수 있나요?"라고 물었습니다. 성령님은 그 방법을 본문에서 찾아보라고 하셨습니다. 저는 본문을 더욱 묵상하면서 제가 날마다 성령님을 만나는 자리인 다락방으로 올라가, 오로지 예수님과 교제하기에 힘쓰고, 큐티 훈련에 힘써야 함을 깨달았습니다. 더불어 예수 셀롯인이 되기 위해서는 공동체 안에서 같이 행동하고 약속의 성취를 기다리며 기도해야 함을 깨달았습니다. 또한 큐티 셀롯인이 되기 위해서는 제게 붙여주신 큐티 짝과 마음을 같이하여 서로를 격려하고 기도에 힘써야 함을 깨달았습니다. 그래서 낮에는 큐티 짝에게 전화를 걸어 묵상한 말씀을 나누었습니다.

4. 나를 만나주신 하나님 : 말씀 속에서, 삶 속에서 만난 하나님

저는 본문말씀을 통해 오로지 한 곳(한 길, 한 방향)으로 끊임없이 나아가게 하시는 하나님, 제자들과 동행하게 하시는 하나님, 약속을 성취하시는 하나님, 약속을 받은 자들과 한마음으로 기도하며 때를 기다리게 하시는 하나님, 열심을 내도록 도와주시는 하나님을 만났습니다.

오늘만나 PT

성령님과의 친밀한 대화를 위해 기도와 찬송을 한 후, 본문말씀을 천천히 읽습니다.

⌐° 만나찾기

📖 묵상하기

🌳 적용하기

묵상한 말씀을 붙들고, 적용을 위한 순종의 힘을 달라고 기도합니다.

🎁 증거하기

1. 묵상말씀

2. 묵상내용

3. 적용내용

4. 나를 만나주신 하나님

Lesson 5
수식어 찾기(1)

만나를 찾을 때 문장에서 수식어(꾸밈말)를 주의 깊게 봅니다. '수식어'는 표현을 아름답고 강렬하게, 또는 명확하게 하기 위하여 꾸미는 말입니다(표준국어대사전).

문장 안에서 수식어는 생략을 해도 문법에 아무 지장이 없지만, 성경에서 수식어는 성령님께서 강조하시기 위해 더 자세히 설명하신 것이므로 눈여겨봐야 합니다. 수식어를 찾아 묵상하면 성경 속 배경과 상황을 더 세밀하게 알 수 있습니다.

없어도 되지만 있으면 더 확실한 수식어를 만나로 찾아 성령님께 물어보세요. 성령님과의 교제에서 더 큰 즐거움을 누릴 수 있을 것입니다.

성령님과의 친밀한 대화를 위해 기도와 찬송을 한 후, 본문말씀을 천천히 읽습니다.

사도행전 20:7-12

7 그 주간의 첫날에 우리가 떡을 떼려 하여 모였더니 바울이 이튿날 떠나고자 하여 그들에게 강론할 새 말을 밤중까지 계속하매

8 우리가 모인 윗다락에 등불을 많이 켰는데

9 유두고라 하는 청년이 창에 걸터앉아 있다가 깊이 졸더니 바울이 강론하기를 더 오래 하매 졸음을 이기지 못하여 삼 층에서 떨어지거늘 일으켜보니 죽었는지라

10 바울이 내려가서 그 위에 엎드려 그 몸을 안고 말하되 떠들지 말라 생명이 그에게 있다 하고

11 올라가 떡을 떼어 먹고 오랫동안 곧 날이 새기까지 이야기하고 떠나니라

12 사람들이 살아난 청년을 데리고 가서 적지 않게 위로를 받았더라

7 On the first day of the week we came together to break bread. Paul spoke to the people and, because he intended to leave the next day, kept on talking until midnight. 8 There were many lamps in the upstairs room where we were meeting. 9 Seated in a window was a young man named Eutychus, who was sinking into a deep sleep as Paul talked on and on. When he was sound asleep, he fell to the ground from the third story and was picked up dead. 10 Paul went down, threw himself on the young man and put his arms around him. "Don't be alarmed," he said. "He's alive!" 11 Then he went upstairs again and broke bread and ate. After talking until daylight, he left. 12 The people took the young man home alive and were greatly comforted.

본문내용 바울이 드로아에서 밤중까지 말씀을 강론할 때, 청년 유두고가 창에 걸터앉아 듣다가 잠을 이기지 못하여 3층에서 떨어져 죽습니다. 바울은 죽은 유두고를 안고 생명이 그에게 있음을 말했고, 성도들은 그가 살아나는 놀라운 기적으로 인해 큰 위로를 받습니다.

만나찾기 말씀을 읽으며 묵상을 위한 만나찾기

* 수식어는 '( )' 로 표시했습니다.

청년(9, 12절): 반복

우리가 (떡을 떼려 하여) 모였더니: 수식어

떡을 떼려 하여, 떡을 떼어 먹고: 비교

강론할 새 말을 밤중까지 계속하매, 날이 새기까지 이야기하고: 비교

말을 (밤중까지) 계속하매: 영어성경, 수식어

등불을 (많이) 켰는데: 수식어

(유두고라 하는) 청년, (살아난) 청년: 비교, 수식어

(깊이) 졸더니: 수식어

(더) 오래 하매: 수식어

사람들이 (살아난) 청년을 데리고 가서 (적지 않게) 위로를 받았더라: 영어성경, 수식어

- 성령님, 때가 되면 자야 하는데 바울은 무리하게 **밤중까지**(until midnight) 말씀을 강론했습니다. 제가 이처럼 무리가 될 줄 알면서도 기뻐하며 열심을 내야 할 일은 무엇인가요?

- 성령님, 바울이 강론을 더 오래 하매 **유두고라 하는** 청년이 졸음을 이기지 못하고 3층에서 떨어져 죽었습니다. 그는 청년이기에 창에 걸터앉아 있을 만한 힘도, 밤샐할 체력도 있었습니다. 더욱이 그곳은 등불을 많이 켜 놓아서 깨어 있기 좋은 환경이었습니다. '운이 좋은'이라는 뜻의 유두고라는 이름처럼 그는 여러 면에서 좋은 여건 가운데 있었지만, 결국 졸음을 이기지 못하고 깊이 잠들고 말았습니다. 성령님, 모든 것이 다 준비되었음에도 불구하고, 제가 유두고처럼 이기지 못하는 것은 무엇인가요? 혹 그것을 인정하지 못하고 환경과 남만 탓하고 있진 않나요?

- 성령님, 바울이 떨어져 죽은 유두고에게 내려간 것처럼 죽어 있는 제 영혼을 향해 '위에서 아래로' 내려오신 분은 예수님이십니다. 죄로 죽을 수밖에 없는 저를 살리시기 위해 하늘에서 이 땅으로 내려오신 예수님, 오늘 구원을 베푸실 유두고는 누구인가요?

- 성령님, 유두고가 살아난 후에 성찬을 마친 성도들은 바울과 함께 날이 새도록 이야기를 나누는데, 제가 속한 공동체는 어떤가요? 설교를 밤중까지 듣고도 날이 새기까지 담화를 나눌 수 있는 공동체인가요? 예배 가운데 한 영혼이 구원받는 역사, 살아나는 역사가 임하는 공동체인가요?

- 성령님, 성도의 교제를 꺼리는 제 안의 문제는 무엇인가요? 공동체 안에서 떡을 떼며 예수님과 한 몸이고 성도들과 한 지체인 것을 인식하지 못하게 방해하는 것은 무엇인가요?

- 성령님, 드로아 성도들은 죽었다가 **살아난** 유두고로 인해 **적지 않게**(greatly) 위로를 받았습니다. '위기'가 '위로'로 전환된 것입니다. 성령님, 지금 저희 교회에 닥친 위기는 무엇인가요? 저는 이 일을 위해 주의 위로를 기다리며 기도하고 있나요?

- 성령님, 오늘 제가 묵상한 말씀을 전할 '드로아 사람'은 누구인가요? 바울처럼 열심으로 주의 말씀을 전할 수 있도록 저를 인도해주세요.

- 성령님, 제가 스스로 이기지 못하고 실족한 일은 무엇인가요? 어떻게 하면 제가 다시 힘을 얻고 일어날 수 있을까요? 저를 따스한 손길로 일으켜 주신 하나님을 기억하며 오늘도 용기를 내겠습니다.

- 성령님, 저를 영적 타락과 영적 침체로 떨어지게 하는 것, 영적 나태에서 벗어나지 못하게 하는 것은 무엇인가요? 여러 상황이 좋음에도 불구하고 깊이 잠든 유두고처럼 제가 깊이 빠지지 않기 위해 시작하지 말아야 할 일은 무엇인가요? "악은 어떤 모양이라도 버리라"(데살로니가전서 5:22)고 하신 말씀처럼 지금 버려야 할 '악한 모양'은 무엇인가요? 오늘 주께 회개하고 돌이키길 원합니다.

- 성령님, 제가 바울이 되어 낮은 곳으로 내려가 안아줄 유두고, 예수의 생명이 있는데 죽은 자처럼 누워 있는 유두고, "네 안에 영원한 생명이 있다"고 말해줄 유두고는 누구인가요? 오늘 제가 그를 찾아가 "예수님을 믿으면 성령님이 항상 함께 하신다"라고 전할 수 있도록 도와주세요.

- 성령님, 바울과 드로아 성도들과의 관계에 비추어 우리 교회의 목회자와 성도들과의 관계는 어떠한가요? 최근에 저는 언제 성도와 또는 목회자와 마음을 나누며 이야기했나요? 그렇게 하지 못하고 있다면, 제 문제는 무엇인가요? 성령님, 오늘 제가 찾아가 고민을 나눌 성도, 사역자가 누구인지 가르쳐 주세요.

- 성령님, 제가 스스로 이기지 못하는 죄의 유혹이 너무도 많습니다. 그러나 이제 더 이상 죄에게 종노릇하지 않도록 사망의 권세를 이기신 '예수 그리스도의 이름'을 선포하겠습니다. 오늘, 승리하신 예수 그리스도의 이름으로 죄를 이기고 이를 증거하게 해주세요.

묵상한 말씀을 붙들고, 적용을 위한 순종의 힘을 달라고 기도합니다.

1. 묵상말씀 : 말씀 속에서 찾은 만나

제가 찾은 만나는 '유두고라 하는 청년, 살아난 청년'(9,12절), '등불을 많이 켰는데, 깊이 졸더니, 더 오래 하매 졸음을 이기지 못하여'(8-9절)입니다.

2. 묵상내용 : 찾은 만나로 성령님과 대화한 내용

저는 찾은 만나들에서 수식어를 눈여겨보았습니다. 그러자 유두고가 좋은 조건 가운데서도 이기지 못하는 것이 있음을 알 수 있었습니다. 저는 성령님께 유도고처럼 제가 이기지 못하고 있는 것이 무엇인지를 물었습니다. 성령님은 둘째 딸이 컴퓨터와 전화기에 빠져 있거나 무례한 행동을 하는 것을 볼 때마다 제가 그렇다고 말씀해주셨습니다. 이에 저는 "지금 딸이 하나님 나라와 세상의 경계선에 위태롭게 걸터앉아 있어 자칫하면 떨어져 죽을 수 있는 상황 아닌가요?"라고 반문했습니다. 그러자 성령님은 딸도 스스로 이기지 못해서 그렇게 행동하는데 이를 헤아려 줄 수 없느냐고 말씀하셨습니다.

3. 적용내용 : 묵상한 말씀을 삶에 순종한 내용

저는 성령님께 딸을 대할 때마다 성내는 제 자신을 어떻게 해야 하는지, 그리고 딸을 말씀의 자리로 나아가게 하려면 어떻게 해야 하는지를 물었습니다. 성령님은 바울과 성도들이 오랫동안 얘기했듯 딸과 깊이 대화하라고 말씀하셨습니다. 그리고 바울이 "소란을 피우지 마십시오"(새번역)라고 말했듯 딸의 문제를 가지고 큰 소리로 소란을 피우지 말라고 당부하셨습니다. 더불어 딸의 몸을 끌어안고 그 안에 예수의 생명이 있는 것을 선포하라고 하셨습니다. 이것은 예수 그리스도의 이름을 부르면 죄를 이길 수 있음을 의미하는 것이기에 제게도 적지 않게 위로가 되었습니다. 저는 딸이 집에 돌아오면 잘 순종할 수 있도록 제 안에 있는 생명의 성령의 법이 저를 강하게 이끌어 주시길 기도했습니다.

4. 나를 만나주신 하나님 : 말씀 속에서, 삶 속에서 만난 하나님

저는 본문말씀을 통해 영원한 생명을 주시는 하나님, 죽은 자를 살리시는 하나님, 위로하시는 하나님, 죽음에서 부활하신 예수님, 사망을 이기신 예수님을 만났습니다.

성령님과의 친밀한 대화를 위해 기도와 찬송을 한 후, 본문말씀을 천천히 읽습니다.

🔍 만나찾기

📖 묵상하기

🌳 적용하기

묵상한 말씀을 붙들고, 적용을 위한 순종의 힘을 달라고 기도합니다.

🎁 증거하기

1. 묵상말씀

2. 묵상내용

3. 적용내용

4. 나를 만나주신 하나님

Lesson 6
수식어 찾기 (2)

수식어 찾기는 두 차례에 걸쳐 진행되므로 Lesson 5
에서 나눈 설명을 다시 한 번 반복하겠습니다.

만나를 찾을 때 문장에서 수식어(꾸밈말)를 주의 깊
게 봅니다. '수식어'는 표현을 아름답고 강렬하게,
또는 명확하게 하기 위하여 꾸미는 말입니다(표준국
어대사전).

문장 안에서 수식어는 생략을 해도 문법에 아무 지
장이 없지만, 성경에서 수식어는 성령님께서 강조하
시기 위해 더 자세히 설명하신 것이므로 눈여겨봐야
합니다. 수식어를 찾아 묵상하면 성경 속 배경과 상
황을 더 세밀하게 알 수 있습니다.

없어도 되지만 있으면 더 확실한 수식어를 만나로
찾아 성령님께 물어보세요. 성령님과의 교제에서 더
큰 즐거움을 누릴 수 있을 것입니다.

성령님과의 친밀한 대화를 위해 기도와 찬송을 한 후, 본문말씀을 천천히 읽습니다.

역대상 15:29

여호와의 언약궤가 다윗 성으로 들어올 때에 사울의 딸 미갈이 창으로 내다보다가 다윗 왕이 춤추며 뛰노는 것을 보고 그 마음에 업신여겼더라

As the ark of the covenant of the LORD was entering the City of David, Michal daughter of Saul watched from a window. And when she saw King David dancing and celebrating, she despised him in her heart.

본문내용 하나님의 언약궤가 들어오자, 다윗 왕과 함께 이스라엘 지도자들, 백성이 다 크게 기뻐합니다. 하지만 미갈은 밖으로 나오지 않고 창으로 내다보면서 남편 다윗의 행동을 업신여깁니다.

만나찾기 말씀을 읽으며 묵상을 위한 만나찾기

여호와의 언약궤
....

다윗 성
....

다윗 성, 다윗 왕: 비교
....

다윗 성으로 들어올 때
....

(사울의 딸) 미갈: 수식어
....

창
....

내다보다가
....

춤추며 뛰노는 것
....

마음
....

업신여겼더라
....

- 성령님, 저는 여호와의 언약궤가 다윗 성으로 들어오듯 주의 말씀이 제 안에 들어올 때, 어떻게 반응하나요? 큐티할 때, 춤추고 뛰노는 다윗 왕처럼 기뻐하나요, 아니면 "만나 하나만 빨리 찾아 큐티를 끝내자"고 하나요?

- 성령님, 제가 말씀의 언약궤 앞에 서기를, 만나가 가득한 들을 밟고 서기를 원합니다. 그런데 성 안이 좋고 밖으로 나가기 싫은 이유는 무엇인가요? 높은 곳이 좋고 낮은 곳이 싫은 이유는 무엇인가요? 혼자가 좋고 무리가 싫은 이유는 무엇인가요?

- 성령님, 나만의 성에서 아래를 내려다보게 하는 제 안의 교만은 무엇인가요? 왜 저는 다른 사람들과 다르다고 생각하나요? 왜 제 기준은 성처럼 높나요? 왜 항상 완벽하고 뭔가 그럴듯해 보이길 원하나요?

- 성령님, 왜 저는 미갈처럼 나만의 성 안에 혼자 있으려 하나요? 왜 관계 맺기를 두려워하나요? 왜 저는 스스로를 고립시키고, 그것이 안전하다고 여기나요? 저는 언제부터 이렇게 혼자 있으려고 했나요?

- 성령님, 미갈은 사울의 딸이고 다윗의 아내이므로 왕의 딸, 왕의 아내입니다. 혹 제가 하나님의 자녀이고 예수님의 신부라는 귀한 정체성을 가지고 구원받지 못한 사람을 업신여긴 적이 있나요? 제 안에 있는 그릇된 신분의식과 특권의식은 무엇인가요?

- 성령님, 미갈은 '다윗의 아내'인데, 왜 여전히 '사울의 딸'로 불리나요? 결혼을 하면 누군가의 아내이고 남편인데, 왜 저도 미갈처럼 여전히 부모의 자녀로 살아가길 원하나요? 하나님의 마음에 맞았던 '다윗 같기' 위해 제가 버려야 할 '사울 같은' 모습은 무엇인가요?

- 성령님, 저는 왜 남편을 업신여기나요? 왜 그의 행동이 늘 못마땅할까요? 그를 보는 제 기준은 무엇인가요? 저는 왜 남편을 주님의 시선으로 바라보지 못하나요? 왜 그를 향한 주님의 마음을 구하지 않나요? 어떻게 하면 저희 관계를 가로막고 있는 '창'을 깨뜨릴 수 있을까요?

적
용
하
기

• 성령님, 저는 미갈처럼 관망하는 태도로 말씀을 읽을 때가 종종 있습니다. 큐티할 때 제 눈에 좋은 것, 제 맘에 편한 것만 만나로 찾고, 어떤 만나는 거부하고 버리기도 합니다. 성령님, 요즘 제가 어떤 말씀을 듣기 싫어하고 거부하고 있나요? 오늘, 말씀 앞으로 나아가지 못하도록 저를 막고 있는 모든 것이 끊어지길 원합니다.

• 성령님, 나만의 성에서 나오려면 어떻게 해야 할까요? 제가 성에서 내려와 문고리를 잡을 때까지 버리고 결단해야 할 것이 무엇인지 알려 주세요.

• 성령님, 예수님이 왕이신데 제가 왕 삼고 있는 '사울'은 누구인가요? 저를 '사울'로부터 이끌어 내어 큐티하는 자리인 말씀 앞으로 옮겨 주세요.

• 성령님, 온 무리가 주를 찬양하며 주의 임재 가운데 있는데, 왜 저는 미갈처럼 교회공동체나 모임에서 떨어져 있나요? 제 안에 있는 무엇이 동참하지 못하도록 방해하나요? 오늘 제가 참석해야 할 영적 모임은 어디인가요? 제가 그곳에서 주의 임재 가운데 함께 하도록 인도해주세요.

• 성령님, 오늘 제가 손 내밀어 줄 '미갈'은 누구인가요? 그녀를 긍휼히 여기는 마음으로 들어가야 할 '다윗 성'은 어디인가요? 오늘 제가 '미갈'을 만나 포근히 안아 줄 수 있도록 인도해주세요.

• 성령님, 오늘 ○○○에게 주의 말씀 앞으로 나오라고 권하며 큐티책을 전하겠습니다. 그런데 혹 그녀가 저를 업신여기면 어떻게 해야 할까요? 제가 감정적으로 행동하지 않고 사랑으로 대할 수 있도록 이끌어 주세요.

• 성령님, 오늘 제가 사울의 딸이 아닌 다윗의 아내로서 남편을 맞이하기를 원합니다. 제가 남편에게 무관심하거나 무반응하지 않도록 주님이 제 눈과 마음의 창이 되어 주세요. 제가 남편을 주님의 눈으로 바라보고, 주님의 마음으로 헤아리게 해주세요.

묵상한 말씀을 붙들고, 적용을 위한 순종의 힘을 달라고 기도합니다.

1. 묵상말씀 : 말씀 속에서 찾은 만나

제가 찾은 만나는 '사울의 딸 미갈'입니다.

2. 묵상내용 : 찾은 만나로 성령님과 대화한 내용

저는 '왜 미갈이 성 밖으로 나오지 못할까?', '왜 사람들은 그녀를 다윗의 아내라 부르지 않고 여전히 사울의 딸이라 부를까? 이 호칭을 들을 때마다 그녀의 마음이 어떨까?', '왜 그녀는 사람들과 관계를 잘 맺지 못할까? 혹 어떤 상처가 있는 것일까?' 등 여러 생각을 했습니다. 사울의 딸이든 다윗의 아내이든 그녀는 왕의 딸, 왕의 아내로 귀한 신분이었습니다. 하지만 저는 '그녀가 왕이신 하나님의 자녀이며 예수님의 신부일까' 하는 의문이 들었습니다.

3. 적용내용 : 묵상한 말씀을 삶에 순종한 내용

저는 성령님께 아직 예수님을 만나지 못해 '세상의 성'에서 나오지 못한 미갈이 있다면, 그리고 함께 예배하고 싶지만 상황이 어려워 성에서 나오지 못하는 미갈이 있다면, 오늘 찾아가 예수님을 전하고 손을 내밀겠다고 고백했습니다. 저는 성령님이 생각나게 하시는 미갈들을 위해 기도하고 메신저로 안부를 전한 후, 주보와 설교 CD를 들고 찾아갔습니다. 사람들에게 업신여김을 당했던 한 자매는 도리어 저를 업신여겼습니다. 순간 마음이 어려워 그 자리를 떠나고 싶었지만, 성령님은 그녀가 누군가를 업신여기는 것은 그도 업신여김을 당했기 때문이라고 알려 주셨습니다. 우리가 다 사울 성에서 나와 주의 언약궤가 있는 곳에서 치유를 받아야 한다고 가르쳐 주셨습니다.

4. 나를 만나주신 하나님 : 말씀 속에서, 삶 속에서 만난 하나님

저는 본문말씀을 통해 우리를 신부 삼으시는 하나님, 갇힌 자를 긍휼히 여기시는 하나님, 소외당한 영혼을 찾아가 만나주시는 하나님, 매인 것을 풀어 주시는 하나님, 치유하시는 하나님을 만났습니다.

성령님과의 친밀한 대화를 위해 기도와 찬송을 한 후, 본문말씀을 천천히 읽습니다.

🎶 만나찾기

📖 묵상하기

🌳 적용하기

묵상한 말씀을 붙들고, 적용을 위한 순종의 힘을 달라고 기도합니다.

🎁 증거하기

1. 묵상말씀

2. 묵상내용

3. 적용내용

4. 나를 만나주신 하나님

숫자 개념 찾기

만나를 찾을 때 숫자 개념을 가진 문구를 주의 깊게 봅니다.

성경을 읽다 보면 숫자가 많이 나온다는 것을 쉽게 알 수 있습니다. 시간, 기간, 나이, 개수, 길이, 너비, 분량 등을 다 포함하고 있는 숫자 개념은 본문 말씀에 나오는 그대로 해석되기도 하고, 상징적으로 해석되기도 합니다. 또한 숫자로 표현될 뿐 아니라 '지금부터', '때', '영원', '마지막' 등 문구로 표현되기도 합니다.

숫자 개념을 가진 문구를 만나로 찾아 성령님께 물어보세요. 그러면 그것이 어떻게 성경적 관점으로 해석되고, 어떻게 삶에 실제적, 구체적으로 적용되는지를 가르쳐 주실 것입니다.

성령님과의 친밀한 대화를 위해 기도와 찬송을 한 후, 본문말씀을 천천히 읽습니다.

열왕기상 19:3-8

3 그가 이 형편을 보고 일어나 자기의 생명을 위해 도망하여 유다에 속한 브엘세바에 이르러 자기의 사환을 그 곳에 머물게 하고 4 자기 자신은 광야로 들어가 하룻길쯤 가서 한 로뎀 나무 아래에 앉아서 자기가 죽기를 원하여 이르되 여호와여 넉넉하오니 지금 내 생명을 거두시옵소서 나는 내 조상들보다 낫지 못하니이다 하고 5 로뎀 나무 아래에 누워 자더니 천사가 그를 어루만지며 그에게 이르되 일어나서 먹으라 하는지라 6 본즉 머리맡에 숯불에 구운 떡과 한 병 물이 있더라 이에 먹고 마시고 다시 누웠더니 7 여호와의 천사가 또 다시 와서 어루만지며 이르되 일어나 먹으라 네가 갈 길을 다 가지 못할까 하노라 하는지라 8 이에 일어나 먹고 마시고 그 음식물의 힘을 의지하여 사십 주 사십 야를 가서 하나님의 산 호렙에 이르니라

3 Elijah was afraid and ran for his life. When he came to Beersheba in Judah, he left his servant there, 4 while he himself went a day's journey into the desert. He came to a broom tree, sat down under it and prayed that he might die. "I have had enough, LORD," he said. "Take my life; I am no better than my ancestors." 5 Then he lay down under the tree and fell asleep. All at once an angel touched him and said, "Get up and eat." 6 He looked around, and there by his head was a cake of bread baked over hot coals, and a jar of water. He ate and drank and then lay down again. 7 The angel of the LORD came back a second time and touched him and said, "Get up and eat, for the journey is too much for you." 8 So he got up and ate and drank. Strengthened by that food, he traveled forty days and forty nights until he reached Horeb, the mountain of God.

본문내용 이세벨을 피해 도망간 엘리야는 홀로 광야로 들어가 한 로뎀 나무 아래서 죽기를 간청하고 잠이 듭니다. 거기서 그는 천사의 어루만짐을 경험하고 다시 힘을 얻어 호렙에 이릅니다.

만나찾기 말씀을 읽으며 묵상을 위한 만나찾기

(유다에 속한) 브엘세바: 수식어

(자기의) 생명, (자기의) 사환, (자기) 자신, (자기가) 죽기를: 반복, 수식어

하룻길, 갈 길: 반복, 비교, 영어성경

로뎀 나무 아래에 앉아서, 로뎀 나무 아래에 누워 자더니: 반복, 비교

여호와여 넉넉하오니: 영어성경, 쉬운말번역성경

(숯불에 구운) 떡과 (한 병) 물: 수식어, 비교

천사가 … 어루만지며(5,7절): 반복, 영어성경, 쉬운말번역성경

먹고 마시고(6,8절), 누워 자더니, 누웠더니: 반복, 비교

하룻길, 한 병, 사십 주 사십 야: 숫자

(하나님의 산) 호렙: 수식어

- 성령님, 북이스라엘의 선지자 엘리야가 이세벨의 보복을 피해 도망간 곳
은 유다에 속한 브엘세바였습니다. 그는 이 두려운 일로 인해 하나님의 약
속대로 다윗 왕조를 이어가는 남유다 땅을 밟았습니다. 특히, 브엘세바는
아브라함이 판 우물(창세기 21:30-31)이 있는 곳, 그의 아들 이삭이 막혔던 그
우물을 다시 판(창세기 26:32-33) 곳이었습니다. 성령님, 최근 제가 두려워서
피하고 싶었던 일을 겪으면서 어떻게 반응했고, 어떤 마음을 품었나요?
그 사건이 저를 유다 땅인 약속의 자리로, 브엘세바 샘물 나는 말씀 앞으
로 인도해주리라는 믿음이 제 안에 있나요?

- 성령님, 엘리야가 간 하룻길(a day's journey)은 '하루 여정'이었고, 사십 주 사
십 야(forty days and forty nights)는 '사십 일 여정'이었습니다. 이 기한처럼 제
가 하루를 정해서 해야 할 일과 40일을 정해서 해야 할 일은 무엇인가요?

- 성령님, 엘리야는 혼자 하룻길을 갔습니다. 그 길을 가는 동안 생각에 빠
져 있었을 텐데, 지금 저를 지배하고 있는 생각은 무엇인가요?

- 성령님, 자기 생명을 지키려고 도망간 엘리야가 로뎀 나무 아래서는 "주님,
이제는 더 바랄 것이 없습니다"(새번역)라고 죽기를 간청합니다. 생명이 주
께 있는데 저 역시 문득문득 죽고 싶은 충동을 느끼는 이유는 무엇인가요?

- 성령님, 편히 먹고 마시고 눕고 잘 수 있는 안식처, 천사의 어루만짐이 있
는 로뎀 나무는 어디인가요?

- 성령님, 왜 천사는 한 병의 물만 준비했나요? 혹시 그것은 상대방에게 부
담을 주지 않는 선에서 베풀라는 의미인가요? 오늘 저희 집에서 따뜻한
음식과 시원한 물 한 잔을 나눌 엘리야는 누구인가요?

- 성령님, 엘리야는 갈멜산에서 광야를 거쳐 하나님의 산 호렙에 이르기까지
한없이 걸었는데, 지금 저는 어디를 향해 걸어가고 있나요? 혹 지쳐 잠들어
있진 않나요? 제가 갈 길을 다 가기 위해 풀어야 할 첫 매듭은 무엇인가요?

- 성령님, 우물이 있는 브엘세바까지 이르게 한 '나의 이세벨 사건'은 무엇인가요? 그 사건을 통해 더 이상 원망하거나 탄식하지 않고 믿음으로 주를 바라보길 원합니다. 그곳에서 영생에 이르게 하는 샘물을 주실(요한복음 4:14, 새번역) 예수님을 만나길 원합니다.

- 성령님, 때론 다 포기하고 싶을 때가 있습니다. 그때 저를 '어루만지는 (touched, 깨우다:새번역) 천사의 손길'은 무엇인가요? 오늘 지친 저를 어루만져 주시는 그 손길을 경험하게 해주세요.

- 성령님, 로뎀 나무인 '예수님의 십자가' 아래서 회복된 저는 오늘 누구를 만나 십자가 아래로 데려와야 할까요? 오늘 제가 천사가 되어 말을 건네고, 두 팔 벌려 안아줄 이웃은 누구인가요? 제가 넓은 그늘을 펼쳐 주고, 단 열매를 줄 수 있는 아름다운 로뎀 나무처럼 살아가게 해주세요.

- 성령님, 폭양이 쬐는 광야에서 숯불(hot coals)에 떡을 굽는 것은 정성이 필요한 일입니다. 이처럼 정성 담은 손길이 필요한 엘리야는 누구이고, 그를 위해 제가 준비할 것은 무엇인가요? 힘이 들더라도 기쁨으로 순종하겠습니다.

- 성령님, 엘리야가 40일을 밤낮으로 걸어 호렙 산에 이르렀듯 저도 결단한 '40일 큐티 여정'을 잘 마치고 싶습니다. 그런데 매일 꾸준히 할 자신이 없습니다. 매일의 큐티를 통해 주님을 만나는 기쁨을 더욱 알게 해주세요.

- 성령님, 하루에 꼭 필요한 먹고 마시고 자는 일 중에 제게 부족한 것은 무엇인가요? 잘못된 식습관과 생활습관은 무엇인가요? 오늘 물 한 병을 들고 밖으로 나가 운동을 하고, 밥을 천천히 먹겠습니다.

- 성령님, 주리고 목마른 영혼을 영원히 배고프지도, 목마르지도 않게 하시는 분은 예수님뿐입니다. 오늘 제가 큐티를 통해 만난 예수님을 영적으로 갈급해 하는 누군가에게 꼭 전할 수 있도록 도와주세요.

묵상한 말씀을 붙들고, 적용을 위한 순종의 힘을 달라고 기도합니다.

1. 묵상말씀 : 말씀 속에서 찾은 만나

제가 찾은 만나는 '한 병, 하룻길, 사십 주 사십 야'라는 숫자이고, '하룻길과 갈 길'에서 표현되어 나오는 영어 'journey'(여정) 입니다.

2. 묵상내용 : 찾은 만나로 성령님과 대화한 내용

저는 하나, 하루, 사십 일, 그리고 여정을 만나로 찾아 성령님과 대화하며 제가 가야 할 '하루 여정'과 '사십 일 여정'이 무엇인지를 물었습니다. 성령님은 그것이 새로운 여정이 아닌 지금 진행 중인 '40일 큐티 여정'이라고 말씀하셨습니다. 먼저 저는 세상일에 우선순위를 두고 바쁘다는 핑계로 큐티를 꾸준히 못한 것을 회개했습니다. 그럼에도 여전히 40일 큐티 여정을 잘 마칠 수 있을까 고민이 되었는데 성령님은 날마다 하룻길, 즉 '하루의 큐티 여정'을 잘 가면 40일 여정도 잘 마칠 수 있을 것이라고 격려해주셨습니다. 저는 성령님께 이 여정을 잘 인도해주시기를 청했습니다.

3. 적용내용 : 묵상한 말씀을 삶에 순종한 내용

저는 성령님께 '40일 큐티 여정'을 잘 마치기 위해 말씀 속에서 어떤 떡을 먹고 물을 마시며 힘을 얻어야 하는지, 어디에 앉아서 눕고 자며 쉬어야 하는지를 물었습니다. 그때 성령님은 '유다에 속한 브엘세바'를 묵상하게 하셨습니다. 저는 믿음의 자리를 상징하는 유다 땅과 우물이 있는 브엘세바를 붙들고 성령님과 다시 대화하면서 쉼과 회복의 자리인 로뎀 나무 아래가 바로 예수님의 십자가 아래임을 깨달았습니다. 저는 생명의 떡과 생명수이신 예수님을 믿음의 눈으로 바라볼 때, 제 영이 소생되는 것을 느낄 수 있었습니다. 이와 더불어 성령님은 매일의 큐티를 통해 힘써 호렙 산에 오르면 주님을 만나게 될 것이라고 말씀해주셨습니다.

4. 나를 만나주신 하나님 : 말씀 속에서, 삶 속에서 만난 하나님

저는 본문말씀을 통하여 동행하시는 하나님, 십자가 아래로 이끄시는 예수님, 상한 자를 고치시는 하나님, 안식을 주시는 하나님, 나를 아시는 하나님, 어루만지시는 하나님, 갈 길을 다 가게 하시는 하나님, 생명의 떡과 생명수이신 예수님을 만났습니다.

성령님과의 친밀한 대화를 위해 기도와 찬송을 한 후, 본문말씀을 천천히 읽습니다.

👓 만나찾기

📖 묵상하기

🌳 적용하기

묵상한 말씀을 붙들고, 적용을 위한 순종의 힘을 달라고 기도합니다.

🎁 증거하기

1. 묵상말씀

2. 묵상내용

3. 적용내용

4. 나를 만나주신 하나님

Lesson 8
감각 개념 찾기

만나를 찾을 때 모든 감각(시각, 청각, 후각, 미각, 촉각)을 총동원합니다. 제한을 두지 않고 마음을 열어 믿음으로 찾습니다. 전인격(지정의)을 다합니다. 우리는 보고 듣는 것뿐 아니라 냄새와 맛, 피부에 닿는 느낌까지도 그것이 무엇을 뜻하는지 성령님께 물어야 합니다.

하나님께서 주신 감각을 제한 없이 사용하면, 영적으로 민감해져 영적 분별력과 영적 통찰력이 더욱 깊어집니다. 모든 감각으로 성령님과 친밀해지면, 영적으로 민첩해져 마음이 부드러워지고 죄를 짓더라도 속히 회개하여 주께 돌아올 수 있습니다. 죄를 지은 후에 얼마나 빨리 하나님께 돌아오느냐가 그 사람의 영적 힘입니다.

성령님과의 친밀한 대화를 위해 기도와 찬송을 한 후, 본문말씀을 천천히 읽습니다.

열왕기상 18:41-46

⁴¹ 엘리야가 아합에게 이르되 올라가서 먹고 마시소서 큰 비 소리가 있나이다 ⁴² 아합이 먹고 마시러 올라가니라 엘리야가 갈멜산 꼭대기로 올라가서 땅에 꿇어 엎드려 그의 얼굴을 무릎 사이에 넣고 ⁴³ 그의 사환에게 이르되 올라가 바다 쪽을 바라보라 그가 올라가 바라보고 말하되 아무것도 없나이다 이르되 일곱 번까지 다시 가라 ⁴⁴ 일곱 번째 이르러서는 그가 말하되 바다에서 사람의 손만 한 작은 구름이 일어나나이다 이르되 올라가 아합에게 말하기를 비에 막히지 아니하도록 마차를 갖추고 내려가소서 하라 하니라 ⁴⁵ 조금 후에 구름과 바람이 일어나서 하늘이 캄캄해지며 큰 비가 내리는지라 아합이 마차를 타고 이스르엘로 가니 ⁴⁶ 여호와의 능력이 엘리야에게 임하매 그가 허리를 동이고 이스르엘로 들어가는 곳까지 아합 앞에서 달려갔더라

⁴¹ And Elijah said to Ahab, "Go, eat and drink, for there is the sound of a heavy rain." ⁴² So Ahab went off to eat and drink, but Elijah climbed to the top of Carmel, bent down to the ground and put his face between his knees. ⁴³ "Go and look toward the sea," he told his servant. And he went up and looked. "There is nothing there," he said. Seven times Elijah said, "Go back." ⁴⁴ The seventh time the servant reported, "A cloud as small as a man's hand is rising from the sea." So Elijah said, "Go and tell Ahab, 'Hitch up your chariot and go down before the rain stops you.'" ⁴⁵ Meanwhile, the sky grew black with clouds, the wind rose, a heavy rain came on and Ahab rode off to Jezreel. ⁴⁶ The power of the LORD came upon Elijah and, tucking his cloak into his belt, he ran ahead of Ahab all the way to Jezreel.

본문내용 엘리야는 '큰 비 소리'를 들은 뒤, 갈멜산 꼭대기로 올라가 간절히 기도합니다. 그의 사환은 일곱 번까지 올라가 바다 쪽을 보았고 마지막에 사람 손만 한 작은 구름이 일어나는 것을 봅니다. 이후 가뭄이던 땅에 큰 비가 내립니다.

만나찾기 말씀을 읽으며 묵상을 위한 만나찾기

올라가(41,42,43,44절), 내려가소서: 반복, 비교

(큰) 비 소리가 있나이다: 수식어, 청각

산 꼭대기, 땅, 바다, 하늘: 비교

산 꼭대기로 올라가서 땅에 꿇어 엎드려: 시각, 촉각

얼굴을 무릎 사이에 넣고: 촉각

바라보라, 바라보고: 반복, 시각

구름과 바람이 일어나서 하늘이 캄캄해지며 큰 비가 내리는지라: 시각, 청각, 촉각

엘리야, 아합, 사환 : 비교

(사람의 손만 한 작은) 구름: 수식어, 시각

구름, 바람, 비: 비교

- 성령님, 구름도 없는데 어떻게 엘리야는 큰 비 소리를 들었나요? 하나님의 음성은 세미(gentle whisper, 부드럽고 조용한 소리:새번역, 열왕기상 19:12)하게도, 크게도 들리는데 언제 세미하게, 언제 크게 들리나요? 하나님은 영이시므로(요한복음 4:24) 심령에 울리는 성령님의 음성을 듣기 위해 복잡한 마음을 어떻게 내려놓을 수 있나요? 큰 소동과 요란함 가운데 어떻게 집중할 수 있나요?

- 성령님, 엘리야는 갈멜산 꼭대기로 올라가서 땅에 꿇어 엎드려 기도했습니다. 그가 기도하는 모습을 보니 "감람산에서 무릎을 꿇고 힘쓰고 애써 더욱 간절히 기도"(누가복음 22:39-44)하신 예수님이 떠오릅니다. 성령님, 제가 엘리야처럼, 예수님처럼 기도하기 위해 오를 산은 어디인가요? 가뭄으로 힘든 나라를 위해, 영적 가뭄으로 괴로워하는 성도와 교회를 위해 기도하러 올라갈 갈멜산 꼭대기는 어디인가요?

- 성령님, 왜 엘리야는 얼굴을 무릎 사이에 넣고 기도했나요? 저는 이 자세로 기도하는 것이 어려운데, 간절히 오래 기도하다 보면 몸이 점점 구부려져 얼굴이 무릎 사이에 들어갔던 것을 기억합니다. 성령님, 요즘 제 기도의 자세는 어떤가요? 제가 바꿔야 할 기도의 자세, 마음가짐은 무엇인가요?

- 성령님, 바라보고 또 바라봐도 보이지 않는데, 믿음으로 끝까지 바라볼 영혼은 누구인가요? 바다 쪽을 바라봐야 하는데 산 쪽만 바라보며 "그는 구원을 받을 수 없다"라고 외치는 제 교만은 무엇인가요?

- 성령님, 바다에서 사람의 손만 한 작은 구름이 일어난 것을 보고 그것이 얼마나 빠르게 다가올지, 얼마나 큰 비가 될지 순간적으로 판단하는 능력은 어떻게 길러지나요?

- 성령님, 구름과 바람이 일어나서 하늘이 캄캄해진 것은 두려운 징조 같지만 큰 비가 내리면 땅이 열매를 맺습니다(야고보서 5:18). 제가 짙은 구름과 휘몰아치는 바람에 맘을 빼앗기지 않고 열매를 바라며 믿음을 지키려면 어떻게 해야 하나요?

- 성령님, 올라갈 때와 내려갈 때, 걸어갈 때와 달려갈 때가 있는데 저는 어떤 상황을 택해야 하나요? 필요한 신호(사환의 전달)와 기동력(마차)은 무엇인가요?

적용하기

- 성령님, 엘리야는 산꼭대기로 올라가 간절히 기도했습니다. 제가 이처럼 긴급하게 기도해야 할 문제는 무엇인가요? 아무것도 보이지 않고 들리지 않지만, 때가 이르렀음을 확신하고 끝까지 기도해야 할 것은 무엇인가요? 오늘 가뭄으로 메마른 그 문제를 붙들고 간절히 기도하길 원합니다.

- 성령님, 큰 비 소리가 들리듯 제게 확신을 주시는 일은 무엇인가요? 제가 들어야 할 약속의 말씀은 무엇인가요? 믿음으로 확신하고 품어야 할 소망은 무엇인가요? 제가 그것을 붙잡고 어떻게 나아가야 할지 가르쳐 주세요.

- 성령님, 엘리야가 아합에게 먹고 마시라고 말한 후에 기도하러 올라간 것처럼, 오늘 제가 "지금 당신은 먹고 마시며 힘을 내세요. 기도는 제가 하겠습니다"라고 권할 아합은 누구인가요? 그를 향하신 하나님 아버지의 마음을 부어 주세요.

- 성령님, 저는 단비가 되어 주는 자인가요, 아니면 비 없는 구름과 바람처럼 거짓 자랑(잠언 25:14)만 하는 자인가요? 혹 모양만 구름이고 바람소리만 내는 자는 아닌가요? 이런 모습이 있다면 속히 깨닫고 돌이키길 원합니다.

- 성령님, 저는 '손만 한 작은 구름'처럼 보잘것없는 자입니다. 하지만 주께서는 세상의 미련한 것, 약한 것, 천한 것, 멸시 받는 것, 없는 것을 택하셔서(고린도전서 1:27-28) 주의 일을 나타내신다는 것을 믿습니다. 성령님, 제 무뎌진 영적 감각을 깨우셔서 영적 가뭄으로 메마른 저희 가정을 보게 해주세요. 이 척박한 저희 가정을 위해 저를 사용해주세요. 오늘 텔레비전을 끄고 큐티하는 본을 보이겠습니다. 부드러운 말을 하겠습니다.

- 성령님, 저는 엘리야처럼 믿음으로 간절히 기도하는 주의 종으로서 합당한 자인가요? 엘리야의 사환처럼 주님의 명령과 교회 권위자의 명령에 끝까지 순종하는 종으로서 합당한 자인가요? 사환처럼 가감하지 않고 본대로 정직하게 말하는 자인가요? 최근 부정직한 말과 행동을 한 저를 용서해주세요. 제가 항상 정직할 수 있도록 용기를 주세요.

묵상한 말씀을 붙들고, 적용을 위한 순종의 힘을 달라고 기도합니다.

1. 묵상말씀 : 말씀 속에서 찾은 만나

제가 찾은 만나는 41절에 나오는 '큰 비 소리'입니다.

2. 묵상내용 : 찾은 만나로 성령님과 대화한 내용

저는 엘리야가 들은 큰 비 소리가 궁금했습니다. 비가 올 것 같지 않은 현실에서 그가 들은 큰 비 소리는 심령에 울린 영의 소리였습니다. 이날 저는 성령님께 엘리야처럼 믿음으로, 영으로 들을 수 있는 '큰 비 소리'를 듣게 해달라고 간청했습니다. 그리고 며칠 후, 어느 분과 만났는데 그는 영적으로 매우 갈급해보였습니다. 저는 그분께 오래전 영적 부흥을 경험했던 일을 간증했습니다. 담임목사님의 암 투병을 계기로 성도들이 말씀을 사모하여 교회로 모이고, 모여 기도할 때마다 방언이 임하고, 예수님을 영접하는 자들이 더해지고, 성도들이 한마음으로 기쁘게 교제한 그날의 부흥의 사건들에 대해서 말입니다. 그러자 그분은 자신도 방언을 받고 싶다면서 함께 기도해달라고 부탁했습니다. 저희는 바로 의자에서 내려와 거실 바닥에 무릎을 꿇고 기도하기 시작했습니다.

3. 적용내용 : 묵상한 말씀을 삶에 순종한 내용

저희는 가난한 심령으로 간절히 기도했습니다. 그러다가 어느 순간, 제 마음에 큰 비 소리가 들렸습니다. 성령님이 그분께 방언을 주셨다는 확신이었습니다. 저는 그분께 방언을 받으셨다고 믿음으로 선포하고, 계속 함께 기도했습니다. 그러자 곧 그분이 방언을 하기 시작했고, 그 소리는 큰 비 소리처럼 분명했습니다. 저희는 주님께 큰 영광을 돌리며 기도를 마쳤습니다. 그날 저는 성령님이 들려주시는 큰 음성을 들었고, 오랜 가뭄 끝에 큰 소낙비를 만나 한 영혼이 회복되는 은혜를 경험했습니다.

4. 나를 만나주신 하나님 : 말씀 속에서, 삶 속에서 만난 하나님

저는 본문말씀을 통해 보고 듣고 느끼고 깨닫게 하시는 하나님, 정하신 때에 예비하신 비를 내려주시는 하나님, 음성을 들려주시는 하나님, 간청하는 마음의 소리와 가난한 심령의 소리를 외면치 않으시는 하나님, 기도하는 자에게 능력을 베푸시는 하나님을 만났습니다.

성령님과의 친밀한 대화를 위해 기도와 찬송을 한 후, 본문말씀을 천천히 읽습니다.

🔍 만나찾기

📖 묵상하기

🌳 적용하기

묵상한 말씀을 붙들고, 적용을 위한 순종의 힘을 달라고 기도합니다.

🎁 증거하기

1. 묵상말씀

2. 묵상내용

3. 적용내용

4. 나를 만나주신 하나님

Lesson 9
성경 속 인물 찾기(1)

만나를 찾을 때 성경 속에 나오는 등장인물을 찾아
주의 깊게 봅니다.

성경에는 수많은 인물들이 등장하고 그들을 통해 이
야기가 펼쳐집니다. 이렇게 인물들이 나오는 본문을
큐티할 때는 그 인물에 자기 자신을 대입해 그들의
언행심사를 점검하고 태도와 동기를 살펴봅니다. 단
순히 말씀을 읽는 것보다 내가 직접 '성경 속 현장'으
로 들어가 그 인물을 경험하면 더 실제적으로 관찰
할 수 있습니다.

만나로 찾은 인물 옆에 서 보세요. 무엇이 느껴지나
요? 그 누구보다 하나님, 예수님, 성령님이 나오시
면 그 곁에 가까이 다가가도록 합니다. 그러면 내가
지금 따라야 할 것과 버려야 할 것을 가르쳐 주실 것
입니다.

143
Lesson 9 성경 속 인물 찾기 (1)

성령님과의 친밀한 대화를 위해 기도와 찬송을 한 후, 본문말씀을 천천히 읽습니다.

요한복음 8:2-11

2 아침에 다시 성전으로 들어오시니 백성이 다 나아오는지라 앉으사 그들을 가르치시더니

3 서기관들과 바리새인들이 음행 중에 잡힌 여자를 끌고 와서 가운데 세우고

4 예수께 말하되 선생이여 이 여자가 간음하다가 현장에서 잡혔나이다

5 모세는 율법에 이러한 여자를 돌로 치라 명하였거니와 선생은 어떻게 말하겠나이까

6 그들이 이렇게 말함은 고발할 조건을 얻고자 하여 예수를 시험함이러라 예수께서 몸을 굽히사 손가락으로 땅에 쓰시니

7 그들이 묻기를 마지 아니하는지라 이에 일어나 이르시되 너희 중에 죄 없는 자가 먼저 돌로 치라 하시고

8 다시 몸을 굽혀 손가락으로 땅에 쓰시니

9 그들이 이 말씀을 듣고 양심에 가책을 느껴 어른으로 시작하여 젊은이까지 하나씩 하나씩 나가고 오직 예수와 그 가운데 섰는 여자만 남았더라

10 예수께서 일어나사 여자 외에 아무도 없는 것을 보시고 이르시되 여자여 너를 고발하던 그들이 어디 있느냐 너를 정죄한 자가 없느냐

11 대답하되 주여 없나이다 예수께서 이르시되 나도 너를 정죄하지 아니하노니 가서 다시는 죄를 범하지 말라 하시니라

* 지면상 영문말씀은 생략합니다.

본문내용 서기관들과 바리새인들이 예수님을 고발하려고 간음하다 현장에서 잡힌 여인을 끌고 와 율법으로는 이 여인을 죽여야 하는데 선생님은 어떻게 말하겠냐며 다그칩니다. 이에 예수님은 "너희 가운데서 죄가 없는 사람이 먼저 이 여자에게 돌을 던져라"고 하십니다. 그러자 여인을 정죄하던 사람들이 하나씩 그 자리를 다 떠납니다. 예수님은 그녀에게 "나도 너를 정죄하지 않으니 이제부터 다시는 죄를 짓지 말라"고 하십니다.

🔍 만나찾기 말씀을 읽으며 묵상을 위한 만나찾기

아침에

백성이 다

정죄

예수, 백성, 서기관들과 바리새인들, 음행 중에 잡힌 여자, 어른, 젊은이: 성경 속 인물

음행 중에 놓인 남자(본문에 없으나 유추 가능): 성경 속 인물

(가운데) 세우고, (그 가운데 섰는) 여자: 반복, 수식어

몸을 굽히사, 몸을 굽혀 / 일어나, 일어나사: 반복, 비교

손가락으로 땅에 쓰시니(6,8절): 반복

고발할 조건, 고발하던 그들: 반복, 비교

선생 / 주, 음행 중에 잡힌 여자 / 음행 중에 놓인 남자, 어른 / 젊은이: 비교

• 성령님, 저는 본문에 나오는 인물들 중 누구인가요? 이른 아침부터 예수님을 따르며 말씀을 듣는 백성인가요? 예수님을 대적하기 위해 음모를 꾸미고, 남을 정죄하고 고발하는 서기관들과 바리새인들인가요? 악한 자들의 손에 붙들려 고발 당하나 구원 받는 음행 중에 잡힌 여자인가요? 함께 음행했으나 죄의 대가를 여자에게 떠넘기고 숨어버린 음행 중에 놓인 남자인가요? 지혜로워 보이지만 남을 정죄할 때는 돌을 들고 앞장서는 어른인가요? 있는 혈기 그대로 돌을 드는 몸도, 마음도 어리고 미숙한 젊은이인가요?

• 성령님, 본문말씀을 통해 밤에는 감람산에서 기도하시고 아침에는 성전에서 가르치신 예수님, 대적하는 자들과 맞서지 않으신 예수님, 고발하는 자들에게 말로 대응하지 않으신 예수님, 정죄하지 않으신 예수님, 오히려 몸을 굽혀 땅에 쓰시며 정죄하지 않는 자의 본을 보여 주신 예수님을 바라봅니다. 성령님, 지금 저는 예수님처럼 살아가고 있나요?

• 성령님, 서기관들과 바리새인들이 예수님을 시험하여 고발할 조건을 찾으려고 여인을 끌고 와 가운데 세웠습니다. 저도 그들처럼 예수님을 시험하고도 회개하지 않은 일이 있다면 무엇인가요? 주님 앞에 제 죄를 자백해야 하는데, 저는 어떤 율법적 행위에 묶여 다른 사람만 고발하고 있나요?

• 성령님, 음행 중에 잡힌 여자처럼 죄가 드러날 때, 저는 정죄하는 사람만큼이나 심판하시는 예수님을 의식하고 두려워하나요?

• 성령님, 예수님은 서기관들과 바리새인들에게 맞서지 않으시고 몸을 굽혀 손가락으로 땅에 무언가를 쓰셨습니다. 저는 여기서 정죄하지 않는 자의 모범을 보았습니다. 그것은 자신의 몸을 굽혀 죄로 더럽혀진 자신의 발을 보며 자신의 죄를 주 앞에 낱낱이 쓰는 것입니다. 성령님, 저도 예수님 곁에서 제 몸을 굽히겠습니다. 제가 주 앞에서 무엇을 쓰길 원하시나요?

• 성령님, 예수님이 다시 몸을 굽혀 땅에 쓰실 때, 저도 따라 행동하며 그 곁에서 들으니 발자국 소리가 들립니다. 몸을 굽힌 채로 눈을 들어 보니 모인 사람들의 발이 멀어지고 있습니다. 성령님, 이 현장에서 제가 주목해야 할 것은 무엇인가요? 예수님의 어떤 마음인가요?

적
용
하
기

- 성령님, 저는 이 밤에 깨어 상대방을 정죄할 조건을 찾고 있습니다. 제가 어떻게 하면 그를 향한 정죄의 돌을 내려놓을 수 있을까요? 밤에는 숨어 계략을 꾸미고 낮에는 의롭게 행동하는 제 이중적인 모습이 주 앞에 모두 드러나게 해주세요.

- 성령님, 왜 "나는 죄인입니다"라고 고백하는 것이 어려울까요? 제가 죄인임을 철저히 깨우쳐 주세요.

- 성령님, 제가 들리는 말에 다 대꾸하지 않고 신중하고 지혜로운 말로 대할 사람, 맞서 대응하지 말아야 할 사람은 누구인가요? 오늘 저를 고발하는 사람들 앞에서 감정에 치우치지 않고 주의 말씀으로 승리하도록 도와주세요.

- 성령님, 간음하면 돌에 맞아 죽는 줄 알면서도 간음한 여자처럼 저도 알면서 짓는 죄가 많습니다. 그 중 가장 쉽게 넘어가는 죄의 유혹은 무엇인가요? 어떻게 하면 그 죄를 끊을 수 있나요? 제가 여전히 감추고 있는 죄는 무엇인가요? 오늘 예수님 앞에 몸을 굽혀 제 죄를 낱낱이 적겠습니다.

- 성령님, 사람들이 하나둘 예수님 곁을 떠나는데, 왜 저는 주께 그들의 마음과 발걸음을 돌이켜 달라고, 죄 사함 받고 구원받게 해달라고 간절히 호소하지 못하나요? 성령님, 저는 무엇이 두려워 주님께 인도해야 할 사람들을 방관만 하고 있나요? 혹 그들이 제게 돌을 던질까 봐, 제 죄를 고발할까 봐 두려워하고 있나요? 왜 저는 주님보다 사람들을 더 두려워하나요? 오늘 제 안의 장애물이 무엇인지, 그리고 어떻게 하면 그것을 돌파할 수 있는지 가르쳐 주세요.

- 성령님, 모두 가고 두 발만, 즉 죄 지은 여자만 남았습니다. 바로 제 자신입니다. 늘 제가 죄인임을, 그리고 예수님이 나의 구원자이심을 잊지 않게 해주세요.

묵상한 말씀을 붙들고, 적용을 위한 순종의 힘을 달라고 기도합니다.

1. 묵상말씀 : 말씀 속에서 찾은 만나

제가 찾은 만나는 본문에 나오는 인물들인 '예수님, 백성, 서기관들과 바리새인들, 음행 중에 잡힌 여자, 음행 중에 놓인 남자, 어른, 젊은이'입니다.

2. 묵상내용 : 찾은 만나로 성령님과 대화한 내용

저는 본문에 나오는 인물들을 만나로 찾아 제 자신에게 대입해보거나 현장 속으로 들어가 그들 옆에 서 보았습니다. 그리고 그때마다 성령님이 어떻게 말씀하시는지를 귀 기울여 들었습니다. 성령님은 제가 버리고 피해야 할 행동이 무엇인지를 주목하게 하셨습니다. 저는 예수님의 모습을 통해 제가 품어야 할 마음과 닮아야 할 모습이 무엇인지를 깨달았습니다. 예수님은 가르치셨을 뿐 아니라 본이 되어 행하셨습니다. 성령님은 율법에 매여 신앙생활을 하면 나도 죽고 남도 죽이는 자가 되니, 예수님의 은혜와 진리로 나도 살고 남도 살리는 자가 되라고 하셨습니다.

3. 적용내용 : 묵상한 말씀을 삶에 순종한 내용

저는 숨기고 있는 죄들을 낱낱이 적었습니다. 하나님이 가려 주신 죄도 모두 적었습니다. 죄를 쓸 때도, 지울 때도 주님 손으로 가려 주시고 덮어 주셔서 참 감사했습니다. 그러자 제게 죄인들을 향한 주님의 마음이 느껴졌습니다. 저는 그 마음을 품고 이웃들을 찾아가 율법에서 해방시켜 주시고 죄의 짐을 벗겨 주신 예수님을 전했습니다. 단 한 명도 주께 돌아오지 않았지만, 저는 그들을 정죄하지 않았습니다. 그리고 저도 스스로를 정죄하지 않기로 결심했습니다. 정죄 당할 때, 예수의 피를 힘입어 하나님께 나아가기로 결단했습니다.

4. 나를 만나주신 하나님 : 말씀 속에서, 삶 속에서 만난 하나님

저는 본문말씀을 통해 아침마다 말씀으로 깨우쳐 주시는 예수님, 정죄하지 않으시는 예수님, 용서하시는 예수님, 말씀으로 악한 궤계를 무너뜨리시는 예수님, 본이 되시는 예수님, 율법을 은혜로 완성시키시는 예수님을 만났습니다.

성령님과의 친밀한 대화를 위해 기도와 찬송을 한 후, 본문말씀을 천천히 읽습니다.

⌕ 만나찾기

📖 묵상하기

🌲 적용하기

묵상한 말씀을 붙들고, 적용을 위한 순종의 힘을 달라고 기도합니다.

🎁 증거하기

1. 묵상말씀

2. 묵상내용

3. 적용내용

4. 나를 만나주신 하나님

Lesson 10
성경 속 인물 찾기(2)

성경 속 인물 찾기는 두 차례에 걸쳐 진행되므로 Lesson 9에서 나눈 설명을 다시 한 번 반복하겠습니다. 만나를 찾을 때 성경 속에 나오는 등장인물을 찾아 주의 깊게 봅니다.

성경에는 수많은 인물들이 등장하고 그들을 통해 이야기가 펼쳐집니다. 이렇게 인물들이 나오는 본문을 큐티할 때는 그 인물에 자기 자신을 대입해 그들의 언행심사를 점검하고 태도와 동기를 살펴봅니다. 단순히 말씀을 읽는 것보다 내가 직접 '성경 속 현장'으로 들어가 그 인물을 경험하면 더 실제적으로 관찰할 수 있습니다.

만나로 찾은 인물 옆에 서 보세요. 무엇이 느껴지나요? 그 누구보다 하나님, 예수님, 성령님이 나오시면 그 곁에 가까이 다가갑니다. 그러면 지금 내가 따라야 할 것과 버려야 할 것을 가르쳐 주실 것입니다.

성령님과의 친밀한 대화를 위해 기도와 찬송을 한 후, 본문말씀을 천천히 읽습니다.

누가복음 22:39-46

39 예수께서 나가사 습관을 따라 감람산에 가시매 제자들도 따라갔더니

40 그 곳에 이르러 그들에게 이르시되 유혹에 빠지지 않게 기도하라 하시고

41 그들을 떠나 돌 던질 만큼 가서 무릎을 꿇고 기도하여

42 이르시되 아버지여 만일 아버지의 뜻이거든 이 잔을 내게서 옮기시옵소서 그러나 내 원대로 마시옵고 아버지의 원대로 되기를 원하나이다 하시니

43 천사가 하늘로부터 예수께 나타나 힘을 더하더라

44 예수께서 힘쓰고 애써 더욱 간절히 기도하시니 땀이 땅에 떨어지는 핏방울 같이 되더라

45 기도 후에 일어나 제자들에게 가서 슬픔으로 인하여 잠든 것을 보시고

46 이르시되 어찌하여 자느냐 시험에 들지 않게 일어나 기도하라 하시니라

39 Jesus went out as usual to the Mount of Olives, and his disciples followed him. 40 On reaching the place, he said to them, "Pray that you will not fall into temptation." 41 He withdrew about a stone's throw beyond them, knelt down and prayed, 42 "Father, if you are willing, take this cup from me; yet not my will, but yours be done." 43 An angel from heaven appeared to him and strengthened him. 44 And being in anguish, he prayed more earnestly, and his sweat was like drops of blood falling to the ground. 45 When he rose from prayer and went back to the disciples, he found them asleep, exhausted from sorrow. 46 "Why are you sleeping?" he asked them. "Get up and pray so that you will not fall into temptation."

본문내용 예수님은 잡히시던 날 밤, 감람산에 가셔서 기도하십니다. 힘쓰고 애써 더욱 간절히 기도하시니 땀이 핏방울 같이 되어서 땅에 떨어졌습니다. 예수님은 제자들에게 유혹에 빠지지 않고 시험에 들지 않게 깨어 기도하라고 하셨으나 그들은 잠이 들었습니다.

만나찾기 말씀을 읽으며 묵상을 위한 만나찾기

습관을 따라: 사전

기도하라(40,46절), 기도하여, 기도하시니, 기도 후에: 반복

(유혹에 빠지지 않게) 기도하라, (시험에 들지 않게) 기도하라: 반복, 수식어

(돌 던질 만큼) 가서: 쉬운말번역성경, 수식어

(무릎을 꿇고) 기도하여 이르시되: 수식어

아버지의 뜻, 아버지의 원대로 / 내 원대로: 반복, 비교

천사: 성경 속 인물

예수, 제자들: 비교, 성경 속 인물

힘쓰고 애써 더욱 간절히 기도하시니 땀이 땅에 떨어지는 핏방울 같이 되더라: 시각, 청각

슬픔으로 인하여 잠든 것을 보시고: 시각

• 성령님, 예수님은 죽음 앞에서도 습관을 따라 감람산에 가서 기도하셨습니다. 습관은 '자주 경험하여 조금도 서투르지 않은 버릇'으로 저도 예수님처럼 기도가 거룩한 습관이 되길 원합니다. 이를 위해 제가 가장 먼저 바꿔야 할 인식과 삶의 태도는 무엇인가요? 거룩한 습관을 들이지 못하도록 방해하는 것은 무엇인가요?

• 성령님, 제가 예수님 곁에서 무엇을 느끼길 원하시나요? 지금 예수님은 "마음이 괴로워 죽을 지경"(마태복음 26:38, 새번역)이신데, 쉬지 않고 기도의 자리로 나아가고 계십니다. 이렇듯 하나님께로 나아가게 하는 기도의 능력은 무엇인가요?

• 성령님, 왜 예수님은 제자들을 떠나 돌을 던져서 닿을 만한 거리(새번역) 만큼 가서 기도하셨나요? 그 의미는 무엇인가요? 제자들은 잠이 들었는데, 훗날 어떻게 알고 기도 내용을 기록했나요? 혹 예수님이 그들의 귀에 들릴 정도로 크게 기도하셨나요? 그 거리는 누군가에게도 방해받지 않고, 방해되지 않는 거리인가요? 같이 있어도 떨어져 기도해야 하는 이유는 무엇인가요?

• 성령님, 천사가 예수님께 나타나 힘을 더했습니다. 어떻게 하면 저도 예수님과 사람들에게 힘을 보태는 자가 될 수 있을까요?

• 성령님, 예수님은 '힘쓰고 애써 더욱 간절히 기도'하시는데, 왜 저는 기도할 때에 힘을 아끼고, 간절하게 하지 않나요? 왜 제 뜻만을 주장하고 있나요?

• 성령님, 땅에 떨어지는 예수님의 땀방울에 생명이 담겨 떨어지는 듯합니다. 생명을 다해 드린 기도를 통해 사명(십자가에서 죽으심)의 터를 닦으신 예수님을 따라 제가 닦아야 할 '사명'의 터는 무엇인가요?

• 성령님, 예수님도, 제자들도 모두 고민하며 슬퍼했지만, 예수님은 기도의 자리로 나아가시고 제자들은 잠이 들었습니다. 제가 고민하고 슬퍼할 때, 잠에 빠지지 않고 기도의 자리로 나아가려면 어떻게 해야 할까요? 시험에 들지 않게 깨어 기도할 것은 무엇인가요?

• 성령님, 제가 하나님과 대화하고 교제하는 큐티와 기도를 습관으로 들이기 위해 '나아가야 할 곳'은 어디인가요? 지금 성령님과 교제하는 만남의 장소인 '감람산'을 정하겠습니다.

• 성령님, 저는 죽을 만큼 괴로울 때마다 어떤 습관을 따랐나요? 오늘 주 앞에 나아가 더 자극적인 것, 더 충동적인 것, 더 편한 것을 찾았던 것을 회개하겠습니다. 그것들을 따르는 것이 얼마나 허무하고 일시적인 것인지를 더욱 깨닫게 해주세요.

• 성령님, 오늘 새벽예배 후 개인기도 시간에 예수님처럼 돌 던질 만큼의 거리로 가서 혼자 기도하겠습니다. 제 기도 내용이 주위의 성도들에게 들리도록 부르짖겠습니다.

• 성령님, 오늘부터 저는 "너희가 나와 함께 한 시간도(one hour) 이렇게 깨어 있을 수 없더냐"(마태복음 26:40)라고 하신 예수님의 말씀에 순종하여 한 시간씩 기도하겠습니다. 하나님의 뜻을 구하는 시간이 되도록 인도해주세요.

• 성령님, 며칠 전 환우의 손을 잡고 기도할 때, 옆에서 누군가가 제 팔을 붙들어 주니 더욱 힘이 났습니다. 이렇게 제가 힘이 닿는 대로, 힘에 지나도록 부르짖어 기도할 때마다 제게 힘을 주셔서 감사합니다. 성령님, 이처럼 오늘 제가 찾아가 힘이 되어줄 사람은 누구인가요? 그가 철야기도를 하든 금식기도를 하든 그와 함께 행하겠습니다.

• 성령님, 오늘 저는 성경 속 인물인 예수님과 제자들 곁에서 말씀을 묵상하면서 어느 편에 서고, 또 무엇을 선택해야 하는지 더욱 분명해졌습니다. 기도할지 잠잘지, 거룩한 습관을 따를지 세상의 습관을 따를지, 예수님의 영향력 아래 있을지 사탄의 영향력 아래 있을지, 아버지의 뜻대로 할지 내 뜻대로 할지 등으로 갈등하며 흔들릴 때마다 제가 하나님 아버지께서 원하시는 것을 선택할 수 있도록 힘을 주세요.

묵상한 말씀을 붙들고, 적용을 위한 순종의 힘을 달라고 기도합니다.

1. 묵상말씀 : 말씀 속에서 찾은 만나

제가 본문에서 찾은 만나는 성경 속 인물인 '예수님, 제자들, 천사'입니다.

2. 묵상내용 : 찾은 만나로 성령님과 대화한 내용

저는 성경 속 현장으로 들어가, 먼저 예수님 곁에 서서 그분의 모든 행동과 말에 주목했습니다. 예수님은 죽음을 앞두고 아버지의 원대로 되기를 간절히 기도하셨습니다. 제자들이 들을 수 있는 거리에서 부르짖어 기도하셨습니다. 저는 다음으로 제자들 곁에 서서 그들을 주목하여 바라보았습니다. 그들은 슬픔에 잠겨 잠들어 있었습니다. 예수님의 간절한 기도 소리에도 일어나지 못했습니다. 저는 그들의 모습에서 슬플 때마다 잠을 자려고 눕는 제 모습을 보았습니다. 성령님은 제게 이제 어느 편에 서겠냐고, 누구를 따라 행하겠냐고 물으셨습니다.

3. 적용내용 : 묵상한 말씀을 삶에 순종한 내용

저는 그 자리에 무릎을 꿇고 예수님이 제자들에게 말씀하신 '한 시간' 동안 회개하고 기도했습니다. 무릎이 많이 아팠지만 예수님을 생각하니 견딜 수 있었습니다. 이후에 저는 기도뿐 아니라 큐티하는 거룩한 습관을 기르기 위해 여러 유혹을 뿌리치고 한 시간 동안 큐티를 했습니다.

4. 나를 만나주신 하나님 : 말씀 속에서, 삶 속에서 만난 하나님

저는 본문말씀을 통해 하나님의 뜻을 행하시는 예수님, 죽음 앞에서도 거룩한 습관의 힘을 따라 아버지와 교제하시는 예수님, 우리와 같이 고민하고 괴로워하시는 예수님, 유혹에 빠지지 않게 기도하라 명하시는 예수님을 만났습니다.

성령님과의 친밀한 대화를 위해 기도와 찬송을 한 후, 본문말씀을 천천히 읽습니다.

🔍 만나찾기

📖 묵상하기

🌳 적용하기

묵상한 말씀을 붙들고, 적용을 위한 순종의 힘을 달라고 기도합니다.

🎁 증거하기

1. 묵상말씀

2. 묵상내용

3. 적용내용

4. 나를 만나주신 하나님

만나찾기 종합

욥기 본문말씀으로 지금까지 배운 만나찾기 방법을 종합하여 훈련합니다. 앞에서 학습한 여덟 가지 방법을 하나하나 되새기면서 전체적으로 정리하는 시간을 갖습니다.

만나찾기 8가지 방법
1. 단어 찾기
2. 반복 문구 찾기
3. 사전, 쉬운말번역성경, 영어성경 찾기
4. 비교 문구 찾기
5. 수식어 찾기
6. 숫자 개념 찾기
7. 감각 개념 찾기
8. 성경 속 인물 찾기

성령님과의 친밀한 대화를 위해 기도와 찬송을 한 후, 본문말씀을 천천히 읽습니다.

욥기 42:1-6

¹ 욥이 여호와께 대답하여 이르되

² 주께서는 못 하실 일이 없사오며 무슨 계획이든지 못 이루실 것이 없는 줄 아오니

³ 무지한 말로 이치를 가리는 자가 누구니이까 나는 깨닫지도 못한 일을 말하였고 스스로 알 수도 없고 헤아리기도 어려운 일을 말하였나이다

⁴ 내가 말하겠사오니 주는 들으시고 내가 주께 묻겠사오니 주여 내게 알게 하옵소서

⁵ 내가 주께 대하여 귀로 듣기만 하였사오나 이제는 눈으로 주를 뵈옵나이다

⁶ 그러므로 내가 스스로 거두어들이고 티끌과 재 가운데에서 회개하나이다

¹ Then Job replied to the LORD : ² "I know that you can do all things; no plan of yours can be thwarted. ³ You asked, 'Who is this that obscures my counsel without knowledge?' Surely I spoke of things I did not understand, things too wonderful for me to know. ⁴ "You said, 'Listen now, and I will speak; I will question you, and you shall answer me.' ⁵ My ears had heard of you but now my eyes have seen you. ⁶ Therefore I despise myself and repent in dust and ashes."

본문내용 욥이 고난을 당하자 그를 찾아온 친구들이 욥과 변론을 합니다. 긴 변론 끝에 하나님의 음성이 욥에게 들립니다. 창조주이시며 만유의 주관자이신 하나님께서 욥에게 말씀하시며 물으시자, 욥이 자신의 무지를 고백하고 완악함을 회개하며 하나님께 답합니다. 욥은 하나님과의 대화를 통해 귀에 들린 소식으로만 알던 하나님을 직접 만나게 되었다고 고백합니다.

◐◑ 만나찾기 말씀을 읽으며 묵상을 위한 만나찾기

욥, 여호와: 성경 속 인물

대답: 단어

못 하실 일이 없사오며, 못 이루실 것이 없는 줄: 비교

말로, 말하였고, 말하였나이다, 말하겠사오니: 반복

(무지한) 말: 쉬운말번역성경, 영어성경, 수식어

이치: 사전

깨닫지도 못한 일, 스스로 알 수도 없고 헤아리기도 어려운 일: 비교

내가 말하겠사오니 주는 들으시고, 내가 주께 묻겠사오니 주여 내게 알게 하옵소서: 비교

이제는: 숫자(시간)

귀로 듣기만, 눈으로 주를 뵈옵나이다: 비교, 시각, 청각

- 성령님, 본문에서 욥은 여호와께 대답하고 있습니다. 이는 주께서 먼저 욥에게 물으셨다는 의미인데, 저는 주께서 물으실 때 무엇이든지 대답할 준비가 되어 있나요? 혹 말하기 불편하고 순종하기 힘든 것을 물으실까 봐 주님을 피하고 있진 않나요?

- 성령님, 욥은 고난 가운데서도 친구들과 주님과의 질문에 계속해서 대답을 합니다. 반면, 저는 힘들 때마다 입을 열지 않고 연락을 피합니다. 대화를 하면 좀 풀릴 텐데, 왜 저는 마음에 쌓아두기만 할까요? 주님께는 왜 제 기도에 응답해주시지 않냐고 항변하면서 왜 저는 주님께 침묵하나요?

- 성령님, 제 대화의 습관을 점검해보겠습니다. 말만 하고 듣지 않는 습관, 먼저 말하고 나중에 듣는 습관, 물어도 대답하지 않는 습관 등 제가 바른 대화를 위해 '스스로' 노력해야 할 부분은 무엇이고, 주께 맡겨야 할 부분은 무엇인가요?

- 성령님, 제가 말할 때 들으시고 물을 때 알게 하시는 주님처럼 대화할 수 있는 자가 되길 원합니다. 못 하실 일이 없으신 주님, 제가 지혜롭게 대화하는 사람이 될 수 있도록 가르쳐 주세요. 대화의 요소 '묻기, 듣기, 답하기' 중, 제게 가장 문제가 되는 요소는 무엇인가요?

- 성령님, 제가 회개해야 할 죄는 무엇인가요? 스스로 거두어 들여야 할 '제 주장'(6절, 새번역)은 무엇인가요? 하나님의 이치(사물의 정당한 조리 또는 도리에 맞는 취지)와 뜻을 흐려 놓았던(3절, 새번역) 무지한 말(자기 주장)은 무엇인가요?

- 성령님, 제가 귀로 듣기만 하던 주님을 이제는 보기 위해 하나님의 어떤 말씀과 어떤 일을 신뢰해야 할까요? 깨닫지 못할 뿐 아니라 스스로 알 수도 없고 헤아리기도 어려운 일 가운데 제가 주님의 마음과 눈으로 바라봐야 할 것은 무엇인가요?

- 성령님, 욥이 고난의 시간을 지나 하나님을 만난 것처럼 제게 허락하신 고난은 무엇인가요? 제가 고난을 통해 어떤 사람이 되길 원하시나요?

- 성령님, 지금 제게 무엇을 묻고 계시나요? 제 마음이 요란한 소리로 가득한데, 어떻게 하면 성령님의 음성을 가장 크게 들을 수 있을까요? 성령님, 제가 더 잘 듣고 집중할 수 있는 자리로 인도해주세요. 오늘 제 일정을 조정해서 성령님의 음성을 듣는 고요한 시간을 꼭 갖겠습니다.

- 성령님, 제 안에 있는 무엇이 '물으시는 하나님'의 소리를 듣지 못하도록 마음 문을 닫고 있나요? 그중에서도 가장 단단한 문빗장은 무엇인가요? 성령님, 제가 불신과 미움으로 대화를 끊고 마음까지 닫아 버린 사람은 누구인가요? 오늘 그를 용서하고 받아들일 수 있도록 말씀으로 저를 변화시켜 주세요. 그 문빗장이 꺾어질 때까지 예수 그리스도의 이름을 선포하겠습니다.

- 성령님, 하나님을 더욱 경험하길 원합니다. 제가 큐티책을 펼쳐 말씀을 묵상할 때마다 하나님을 만나고 교제하게 해주세요. 제 생각에 빠지지 않도록 펜을 들고 하나하나 다 적겠습니다.

- 성령님, 혹 저는 주님을 누군가의 경험을 통해서만 알려고 하진 않나요? 저는 사람의 말과 전통, 가르침이 아닌 직접 주님을 대면하여 대화하기를 간절히 바라고 있나요? 제가 예수님에 대한 소식만 듣는 것이 아니라 예수님을 직접 만나게 해주세요. 오늘 제가 만난 주님을 동료들에게 증거하겠습니다.

- 성령님, 제가 들어야 할 성령님의 탄식은 무엇인가요? 성령님이 가장 기뻐하시는 일은 무엇인가요? 제게 들려주길 원하시는 일과 계획은 무엇인가요? 제게 무엇을 가르쳐 주길 원하시나요? 오늘 본문말씀에서 보고 듣고 찾게 해주세요.

1. 묵상말씀 : 말씀 속에서 찾은 만나

제가 본문에서 찾은 만나는 욥기 42장 1-6절 전체 단락입니다.

2. 묵상내용 : 찾은 만나로 성령님과 대화한 내용

하나님께 대답하고 있는 욥을 묵상할 때, 성령님은 제 대화 습관이 어떠한지를 돌아보라고 하셨습니다. 큐티할 때, 기도할 때, 그리고 일상에서 성령님과 어떻게 대화하는지를 돌아보라고 하셨습니다. 처음에 저는 왜 그렇게 말씀하시는지 의아했는데, 성령님께서 말씀으로 조명해주시니 엎드려 회개할 수밖에 없었습니다. 저는 늘 바쁘다는 이유로 큐티할 때는 성령님과 깊이 대화하지 않았고, 기도할 때는 혼자 일방적이고 형식적이었습니다. 또한 큐티할 때 '적용하기' 단계까지 가지 못하니 무엇을 순종해야 할지 성령님께 묻지 않았고, 그러다 보니 일상에서도 성령님과의 대화가 많이 단절되어 있었습니다. 더욱이 성령님은 이 문제가 가정으로까지 이어지고 있다고 말씀하셨습니다. 요즘 저는 남편에게 싫은 소리를 들을 때마다 시선을 피하고 은근히 대화를 끊었습니다. 자녀와의 관계에서도 그랬습니다. 왜 작은딸이 내 말을 안 듣는지 모르겠다고 하소연할 때, 성령님은 제가 아이의 말에 귀 기울이지 않으니 딸도 그렇게 하고, 제가 아이의 말을 무시하니 딸도 그렇게 한다고 말씀하셨습니다.

3. 적용내용 : 묵상한 말씀을 삶에 순종한 내용

저는 주님과의 친밀한 교제보다는 일을 중시한 것과 제가 가진 나쁜 대화의 습관을 회개했습니다. 상대방에게 내 생각을 강요하지 않고, 그의 말을 잘 듣게 해달라고 기도했습니다. 그래서 오늘은 작은딸의 말을 끊지 않고 끝까지 듣고 공감해주었습니다. 큐티할 때는 성령님과의 깊은 대화를 위해 '듣고 답하기, 묻고 듣기'를 적용했습니다. 마음으로만 대화하지 않고 성령님께 들은 것과 답한 것을 큐티책에 적었습니다.

4. 나를 만나주신 하나님 : 말씀 속에서, 삶 속에서 만난 하나님

저는 본문말씀을 통해 나를 향한 계획을 이뤄가시는 하나님, 물으시고 들으시고 응답하시는 하나님, 친밀한 교제를 원하시는 하나님, 회개의 자리로 인도하시는 하나님, 능력의 하나님을 만났습니다.

성령님과의 친밀한 대화를 위해 기도와 찬송을 한 후, 본문말씀을 천천히 읽습니다.

👓 만나찾기

📖 묵상하기

🌱 적용하기

묵상한 말씀을 붙들고, 적용을 위한 순종의 힘을 달라고 기도합니다.

🎁 증거하기

1. 묵상말씀

2. 묵상내용

3. 적용내용

4. 나를 만나주신 하나님

Lesson 12
다시 보는 큐티의 방법

요한계시록 본문말씀으로 만나찾기 방법을 종합하여 훈련하면서 큐티의 방법 4단계를 정리합니다.

요한계시록 1장 1-3절에서 '말씀을 읽는 자', '말씀을 듣는 자', '말씀을 지키는 자', '말씀을 증거하는 자'를 비교 문구로 찾아 묵상할 때에 성령님은 그것이 큐티의 방법 4단계(만나찾기:말씀을 읽는 자, 묵상하기:말씀을 듣는 자, 적용하기:말씀을 지키는 자, 증거하기:말씀을 증거하는 자)라고 알려 주셨습니다.

말씀을 읽고 듣고 지키는 자는 복이 있습니다. 말씀을 증거하며 예수님을 따라가는 것은 복 있는 자의 사명입니다. 그러므로 큐티를 하는 것은 복 있는 자의 본분일 뿐 아니라 사명입니다.

큐티는 어렵고 안 되는 것이 아닙니다. 보혜사(Counselor, 요한복음 14:26) 성령님의 도우심이 있기에 가능한 훈련입니다. 우리가 성령님과 함께 하기에 '쉽게 되는 큐티'를 하면서 예수님의 제자로서, 하나님 나라의 복 있는 자로서의 사명을 기쁘게 이루어 나가길 소망합니다.

성령님과의 친밀한 대화를 위해 기도와 찬송을 한 후, 본문말씀을 천천히 읽습니다.

요한계시록 1:1-3

¹ 예수 그리스도의 계시라 이는 하나님이 그에게 주사 반드시 속히 일어날 일들을 그 종들에게 보이시려고 그의 천사를 그 종 요한에게 보내어 알게 하신 것이라

² 요한은 하나님의 말씀과 예수 그리스도의 증거 곧 자기가 본 것을 다 증언하였느니라

³ 이 예언의 말씀을 읽는 자와 듣는 자와 그 가운데에 기록한 것을 지키는 자는 복이 있나니 때가 가까움이라

¹ The revelation of Jesus Christ, which God gave him to show his servants what must soon take place. He made it known by sending his angel to his servant John, ² who testifies to everything he saw--that is, the word of God and the testimony of Jesus Christ. ³ Blessed is the one who reads the words of this prophecy, and blessed are those who hear it and take to heart what is written in it, because the time is near.

본문내용 예수 그리스도께서 천사를 보내어 요한에게 말씀을 계시하십니다. 이 계시는 곧 일어날 일들을 그 종들에게 보이시려고 하나님께서 그리스도에게 주신 것입니다. 요한이 본 것을 증언한 이 예언의 말씀을 읽고 듣고 지키는 자들은 복이 있습니다.

만나찾기 말씀을 읽으며 묵상을 위한 만나찾기

계시: 사전, 영어성경

기록: 단어

예수 그리스도의 계시, 예수 그리스도의 증거: 비교

(속히) 일어날 일들: 수식어

그 종, 그의 천사: 비교

하나님, 예수 그리스도, 천사, 종 요한: 성경 속 인물

증거, 증언: 반복

본, 읽는, 듣는, 지키는, 증언하였느니라 : 비교, 시각, 청각

복: 단어

때: 숫자(시간)

- 성령님, 날마다 큐티를 통해 계시(깨우쳐 보여줌, 사람의 지혜로써는 알 수 없는 진리를 신이 가르쳐 알게 함, revelation)해주시고 깨닫게 해주셔서 감사합니다. 지금 저는 어떤 마음으로 예수 그리스도의 계시를 기다려야 할까요? 요한처럼 섬에 홀로 있는 듯 외로운 지금, 제가 붙들어야 할 말씀은 무엇인가요?

- 성령님, 요한계시록은 예수 그리스도께서 그의 천사를 보내어 계시하신 것을 요한이 기록한 책입니다. 오늘 제게 주의 계시를 전해줄 천사는 누구인가요? 제가 깨달아야 할 '속히 일어날 일들'은 무엇인가요?

- 성령님, 십자가에서 죽으시고 부활하신 예수님은 온 인류에게 영생의 길을 열어 주셨습니다. 오늘, 제가 이 소식을 전할 영혼은 누구인가요? 예수님이 곧 오시니 인내하며 기다리자고 전할 주의 종 요한은 누구인가요?

- 성령님, 예수님의 계시를 보고 듣고 깨달은 요한은 그것을 하나도 빠뜨리지 않고 열심히 기록했습니다. 저도 요한처럼 말씀해주시는 것을 성령의 감동으로 큐티책에 받아 적길 원합니다. 말씀을 읽으며 들은 음성을 놓치지 않기 위해 기록하는 것을 게을리하지 않도록 도와주세요. 성령님, 제가 요한처럼 기록해야 할 진리는 무엇인가요? 예수님은 계시로, 요한은 글로 증언했는데, 저는 큐티모임에 가서 무엇을 어떻게 증거해야 할까요?

- 성령님, 나를 만나주신 하나님을 증언하는 큐티를 가르치는 일은 제가 속히 해야 할 일입니다. 지금이 바로 그 때인가요? 제가 말씀을 읽고 듣고 지키는 자, 증언하는 자는 복 있는 자라고 선포하게 해주세요. 오늘 제가 가서 선포할 자리는 어디인가요?

- 성령님, 큐티하는 자가 누리는 복은 무엇인가요? "이 율법책을 네 입에서 떠나지 말게 하며 주야로 그것을 묵상하여 그 안에 기록된 대로 다 지켜 행하라 그리하면 네 길이 평탄하게 될 것이며 네가 형통하리라"(여호수아 1:8). 이 말씀처럼 큐티를 하면 제가 가는 길이 평탄하게 되나요? 어두운 감옥, 음침한 골짜기, 메마른 광야 같은 곳에서도 예수님의 승리(성공)를 경험할 수 있나요?

적
용
하
기

• 성령님, 오늘 제가 예수님의 어떤 모습과 행동을 닮길 원하시나요? 본문 말씀에서 찾아 힘써 순종하겠습니다.

• 성령님, 제 주위에 사람의 지혜와 세상의 지식에 한계를 느끼고 고뇌하고 있는 사람은 누구인가요? 요한에게 계시해주신 성령님, 그에게도 찾아가 계시해주세요. 저도 그를 찾아가 영원무궁한 하늘의 지혜, 영원한 진리를 증언하겠습니다.

• 성령님, 오늘 제게 보이려고 정하신 일을 제가 거부하지 않고 받아들일 수 있도록 도와주세요. 보여주시고 들려주시는 것들을 모두 기록하게 해주세요.

• 성령님, 제게 '반드시' 일어날 일, '속히' 일어날 일은 무엇인가요? 하나님의 말씀은 반드시 성취되므로 인내하며 기다려야 할 약속은 무엇인가요? 오늘 제가 반드시 해야 할 일, 다른 무엇보다 속히 해야 할 일이 무엇인지를 깨달아 순종할 수 있도록 인도해주세요.

• 성령님, 예수님은 '주의 종들에게' 보이시려고 종 요한에게 계시하셨습니다. 이것은 주께서 요한이 본 그대로 증언할 종임을 신뢰하신 증거입니다. 성령님, 저도 주님께 충성스럽고 신실한 종인가요? 그런데 지금 저는 누구의 종이 되어 수고하고 있나요? 제가 예수님의 'Lordship'(주 되심)과 나의 'Servantship'(종 됨)을 진실하고 겸손하게 고백하게 해주세요

• 성령님, 예수님은 반드시 이 땅에 다시 오신다고 말씀하셨습니다. 제가 누구도 예외 없이 주 앞에 서는 그날, 심판이 임하는 종말의 그날을 기다리면서 깨어 준비해야 할 일은 무엇인가요? 제게 계시해주세요.

• 성령님, 큐티할 때에 제가 성령님의 음성을 잘 듣고, 듣는 즉시 반응하게 해주세요. 성령님께 묻는 것을 어려워하지 않게 해주세요.

묵상한 말씀을 붙들고, 적용을 위한 순종의 힘을 달라고 기도합니다.

1. 묵상말씀 : 말씀 속에서 찾은 만나

제가 찾은 만나는 요한계시록 1장 1-3절 전체 단락입니다.

2. 묵상내용 : 찾은 만나로 성령님과 대화한 내용

저는 "말씀을 읽고 듣고 지키는 자는 복이 있다"는 구절과 예수님이 증거하신 말씀을 증언하는 요한을 묵상하며 그 안에서 '큐티의 방법 4단계'를 발견했습니다. "말씀을 읽고" 만나를 찾는 것이 첫 번째 '만나찾기'입니다. 그 만나를 가지고 성령님과 대화하며 그분의 음성을 "듣고" 답하고 나도 그분께 묻고 답을 듣는 것이 두 번째 '묵상하기'입니다. 묵상하며 성령님께서 명령하신 것을 "지키는 것", 즉 삶에서 순종하는 것이 세 번째 '적용하기'입니다. 그리고 묵상하며 말씀 속에서 만난 하나님, 적용하며 삶 속에서 만난 하나님을 증거하는 것이 네 번째 '증거하기'입니다. 성령님은 말씀을 읽고 듣고 지키고 증거하는 자는 복이 있으므로 이 단계를 따라 큐티를 하면 복된 자가 될 것이라고 말씀하셨습니다.

3. 적용내용 : 묵상한 말씀을 삶에 순종한 내용

저는 성령님께 제가 말씀을 읽고 듣고 지키고 증거하는 큐티를 통해 누린 복을 나눌 주의 종을 만나게 해달라고 기도했습니다. 그리고 요한을 통해 요한계시록이 기록되어 지금까지 읽히고 있듯, 많은 사람들에게 큐티를 전할 방법이 무엇인지를 물었습니다. 성령님은 그 방법이 '책'이라고 알려 주셨습니다. 그날부터 저는 성령님께서 책을 어떻게 기록해나갈지를 계시해주시리라 믿고 집필을 시작했습니다. 그 책을 통해 예수님을 '주'로 고백하는 주의 종들과 함께 말씀의 복을 누리기를 소망했습니다. 우리가 하나님 나라의 복을 증언하는 주의 종들로 세워지기를 간절히 구하며 기도했습니다.

4. 나를 만나주신 하나님 : 말씀 속에서, 삶 속에서 만난 하나님

저는 본문말씀을 통해 계시하시는 하나님, 증거하시는 하나님, 말씀을 읽고 듣고 지키고 증거하는 큐티를 통해 복 주시는 하나님, 구원하시는 하나님, 다시 오실 예수님을 만났습니다.

성령님과의 친밀한 대화를 위해 기도와 찬송을 한 후, 본문말씀을 천천히 읽습니다.

〰️ 만나찾기

📖 묵상하기

🌳 적용하기

묵상한 말씀을 붙들고, 적용을 위한 순종의 힘을 달라고 기도합니다.

🎁 증거하기

1. 묵상말씀

2. 묵상내용

3. 적용내용

4. 나를 만나주신 하나님

요한계시록 1장으로 보는 큐티의 방법과 결과

큐티의 방법	요한계시록 말씀	세부 내용
1단계 만나찾기	**말씀을 읽는 자** "이 예언의 말씀을 읽는 자" (3절)	묵상을 위해 말씀을 읽을 때, 성령님께서 마음에 감동을 주시는 만나를 찾습니다.
2단계 묵상하기	**말씀을 듣는 자** "듣는 자" (3절)	찾은 만나로 내 안에 거하시는 성령님과 대화합니다(성령님께 듣고 답하기, 성령님께 묻고 듣기).
3단계 적용하기	**말씀을 지키는 자** "그 가운데에 기록한 것을 지키는 자" (3절)	묵상한 말씀을 삶에서 지키며 순종합니다. 이를 위해 성령님과 대화하며 지시하시는 대로 따릅니다.
4단계 증거하기	**말씀을 증거하는 자** "요한은 하나님의 말씀과 예수 그리스도의 증거 곧 자기가 본 것을 다 증언하였느니라" (2절)	묵상하며 말씀 속에서 만난 하나님, 적용하며 삶 속에서 만난 하나님을 사람들에게 증거합니다. "오직 성령이 너희에게 임하시면 너희가 권능을 받고 예루살렘과 온 유대와 사마리아와 땅 끝까지 이르러 내 증인이 되리라" (사도행전 1:8)
큐티의 결 과	**"복이 있나니"** (3절)	매일 성령님과 친밀하게 교제하고 하나님과 동행하는 삶을 살아갑니다. 큐티하는 사람은 '복 있는 사람'이며 개인적, 공동체적 차원에서 놀라운 변화와 성장을 경험합니다. "이 율법책을 네 입에서 떠나지 말게 하며 주야로 그것을 묵상하여 그 안에 기록된 대로 다 지켜 행하라 그리하면 네 길이 평탄하게 될 것이며 네가 형통하리라" (여호수아 1:8)

활 용 편

우리는 '열매'를 바라보고 두 시즌을 달려 여기까지 왔습니다. 결국 배우고 익힌 이 모든 것을 삶으로 살아내기 위해서 말입니다. 그런데 가장 어려운 것이 바로 이것, 즉 삶에서의 구체적인 순종입니다. 마지막 시즌에서 저자는 배우고 익힌 것이 어떻게 삶으로 살아지는지를 보여 주기 위해 자신의 큐티 기록을 그대로 공개합니다. 이것은 성령님께 큐티를 훈련받으며 하나님과 동행한 삶의 간증이자, 하나님께서 말씀으로 어떻게 다스리시고 역사하시는지를 증거한 글입니다. 두 시즌을 지나며 배우고 익힌 것들이 실제 삶에서 어떻게 활용되는지를 잘 살핀 후, 오늘 나만의 큐티에세이를 기록해보세요.

SEASON 3

살아가다

나, 향기가 되다

Episode 1

누구든지 소제의 예물을 여호와께 드리려거든 고운 가루로 예물을 삼아 그 위에 기름을 붓고 또 그 위에 유향을 놓아 아론의 자손 제사장들에게로 가져갈 것이요 제사장은 그 고운 가루 한 움큼과 기름과 그 모든 유향을 가져다가 기념물로 제단 위에서 불사를지니 이는 화제라 여호와께 향기로운 냄새니라 … 네 모든 소제물에 소금을 치라 네 하나님의 언약의 소금을 네 소제에 빼지 못할지니 네 모든 예물에 소금을 드릴지니라. 레위기 2:1-2,13

구약시대 제사의 종류는 번제, 소제, 화목제, 속죄제, 속건제로 각 제사마다 숫양, 수송아지, 숫염소, 산비둘기 등 하나님의 명령대로 각기 다른 예물을 바쳤다. 단, 소제는 예외로 동물이 아닌 곡식을 드렸는데, 소제물인 기름, 유향, 소금을 넣은 고운 가루와 빵, 볶아 찧은 첫 이삭을 제단 위에서 불로 태우는 화제의 방법으로 드려졌다.

　나는 '소제'를 만나로 찾아 묵상하면서 주께 드려지는 '소제물로서의 나'는 어떠한가를 돌아보았다. 나라는 사람은 '고운 가루'처럼 부드러운가? 결코 아니었다. 나는 나를 빚으시는 하나님의 손에 얼마나 거칠은 가루인지 모른다. 그러하기에 주님이 날마다 나를 말씀의 검으로 찔러 쪼개시고 체로 쳐서 거르심이 참으로 지당하시다.

그럼에도 은혜로우신 주님은 이런 나를 제물로 받아 주시고, 성령의 기름까지 부어 주신다. 그분과의 영원한 언약 관계를 기억하도록 소금도 쳐 주신다. 이 모든 것이 나를 향기로운 소제물로 준비시키시는 하나님의 손길이다.

나는 '소제'를 내 삶에 어떻게 적용해야 할까를 깊이 묵상하다가 여러 소제물(화덕에 구운 것, 철판에 부친 것, 솥에 삶은 것) 중 한 가지를 택하여 내 손으로 직접 만들어 보기로 했다. 고운 가루에 기름과 소금을 넣어 솥에 삶아 만들 수 있는 것, 그것은 바로 '수제비'였다. 성령님은 오래전에 친정어머니께서 밀가루에 기름을 넣으면 반죽이 부드러워지고, 소금을 넣으면 쫄깃해짐과 동시에 간이 베어 좋다고 하신 말씀과 함께 수제비를 생각나게 해주셨다.

나는 수제비를 만들기 위해 양푼에 고운 밀가루를 부었다. 그것을 손으로 만지니 어찌나 부드럽던지 '내 마음의 굳은 부분이 제거되어 이렇게 부드러운 마음을 가지면 얼마나 좋을까' 하고 생각했다. 밀가루 위에 감람기름(olive oil)을 부으니 그 흐르는 모양새가 어찌나 매끄럽던지 '내게도 성령의 기름 부으심이 이렇게 흐르면 얼마나 좋을까' 하고 생각했다. 그리고 소금을 칠 때에는 '내 입에서도 언약의 말씀이 이렇게 힘 있게 뿌려지면 얼마나 좋을까' 하고 생각했다.

나는 두 손으로 꾹꾹 눌러 치대고, 또 한참을 치댄 반죽을 그릇에 넣어 그 안에 물을 부은 뒤 밀봉하여 냉장고에 넣었다. 이제 그 안에서 서서히 물을 먹으며 쫄깃하고 잘 숙성된 반죽이 될 것이다. 그러고 보니 반죽이나 나나 처지가 매한가지였다. 더 차지라고 한 없이 치대시고, 더 숙성되라고 때때로 차갑고 어두운 곳에 두시는 하나님의 손길 아래에 있는 나이기에….

말씀묵상을 따라 수제비 반죽을 다 만들고 나니 온몸이 무거웠다. 하지만 반죽의 비밀(소제물의 의미로서)을 깨닫게 해주심에 감사하며 몸을 일으켜 골방으로 들어갔다. 나는 무릎을 꿇고 앉아 주님께 나를 소제물 가루처럼 곱고 부드럽게 만들어 달라고, 성령의 기름을 부으사 온전히 태워지는 제물이 되게 해달라고, 날마다 말씀묵상을 통해 소금 언약을 잊지 않게 해달라고 간절히 기도했다.

그런데 갑자기 어디선가 향기로운 냄새가 나기 시작했다. 나는 눈을 감은 채 온몸의 촉각을 곤두세웠다. 이전에 맡아 보지 못한 은은하고 그윽한, 그리고 달콤한 냄새였다.

기도하는 골방은 창이 없고 온갖 잡동사니에 옷가지가 걸려 있는 벽장이다. 항상 문을 닫아 놓아 밀폐된 곳, 두 사람이 마주앉으면 꽉 차는 좁은 공간이다. 그런데 분명 내 얼굴 주위에서 향내가 나고 있었다. 지금까지 맡아 본 향수의 향취도 아니고, 과일이나 꽃의 향내도 아니었다. 그 순간, 나는 '소제의 향기'와 함께 다음 구절이 떠올랐다.

"그 소제물 중에서 기념할 것을 가져다가 제단 위에서 불사를지니 이는 화제라 여호와께 향기로운 냄새니라." 2:9

나는 미소를 띠우며 "주님, 저를 향기로운 제물로 받아 주셔서 감사합니다"라고 고백했다.

골방에서 나온 후, 나는 특별한 점심을 준비했다. 먼저 소제물에 누룩이나 꿀을 넣지 말라고 하신 말씀(2:11)을 따라 눈앞에 있는 케이크와 단 빵을 피했다. 그리고 이삭의 소제를 여호와께 드리려거든 첫 이삭을 볶아 찧은 것으로 소제를 삼으라 하신 말씀(2:14)을 따라 미숫가루와 청국장 가루를 점심으로 대용했다. 저녁에는 온 가족이 내가 만든 소제물인 수제비를 먹으면서 소제를 드리는 기쁨을 누렸다.

말씀으로 해석하여 만든 수제비, 내 생애 최고의 맛이었다.

도리어 진전이 된다면

Episode 2

형제들아 내가 당한 일이 도리어 복음 전파에 진전이 된 줄을 너희가 알기를 원하노라 … 그러면 무엇이냐 겉치레로 하나 참으로 하나 무슨 방도로 하든지 전파되는 것은 그리스도니 이로써 나는 기뻐하고 또한 기뻐하리라. 빌립보서 1:12,18

복음은 시간과 공간을 뛰어넘어 전파되어 왔다. 그것이 진리이기 때문이다. 진리는 어느 누구도, 그 어떤 것으로도 막을 수 없다. 바울이 로마 시위대 감옥에 갇혀 있을 때도 복음은 멈추지 않고 전파되었다. 심지어 어떤 이들은 바울을 시기하여 복음을 전하기도 했는데, 바울은 개의치 않고 예수 그리스도가 전파되는 것으로 기뻐하고 또한 기뻐하리라고 고백했다.

진리와 더불어 태초부터 지금까지 끊어지지 않고 전해지는 것이 있다. 바로 하나님의 사랑이다(하나님의 속성은 다 영원하지만 말이다). 그 사랑은 하나님과의 교제를 통하여 우리에게 흘러오고, 그 사랑의 교제는 말씀 안에서 이루어진다. 말씀하시는 하나님과 그 말씀을 듣고 지키는 백성 사이의 기초가 바로 사랑이기 때문이다. 그 사랑을 전해 받은 나 역시 큐티를 통해 하나님과 사랑의 교제를 나누고 있다.

나는 내가 받고 있는 이 사랑을 전하기 위해 딸들에게도 큐티를 하라고 끊임없이 권한다. 세대와 세대를 이어 하나님의 사랑과 복음이 전해지고, 하나님 나라 백성들이 왕이신 하나님의 말씀을 듣고 순종하여 하나님 나라의 큰 복을 누리길 바라기 때문이다.

큰딸 현아는 열두 살에 예수님을 영접하고 열네 살부터 큐티를 하기 시작했다. 처음에는 젖먹이처럼 말씀을 읽기만 하다가 차츰 자신에게 말씀하시는 성령님의 음성을 듣기 시작했다. 지금은 더 자라서 하나님의 말씀을 붙들고 씨름하며 순종하는 법을 배우고 있다. 특히, 불순종했을 때는 꼭 말씀 앞으로 나아간다. 내주하시는 성령님께서 탄식하시니 견딜 수 없기 때문이다. 나 또한 현아가 잘못할 때마다 말씀으로 점검받을 수 있도록 돕는다. 현아는 평상시에 큐티를 하라고 하면 대답만 하고 하지 않는 경우가 종종 있는데, 책망 받을 일을 하면 "네" 하고 그 즉시 큐티를 한다. 아무렴 어떠한가. 말씀을 묵상하는 훈련만 된다면 말이다. 비록 잘못한 후에 한다 할지라도 큐티를 통해 하나님의 말씀을 듣고 회개하여 주께 돌아온다면 나는 기뻐하고 또한 기뻐할 것이다.

본문말씀을 큐티한 날, 현아가 다니는 학교에서 전화가 왔다. 담당자는 며칠 전에 현아가 점심시간 바로 다음 수업에 지각을 했는데, 치과에 다녀온 것이 맞느냐고 물었다. 부모의 사인 없이 다녀와서 관례상 전화로 확인하는 절차였다. 나는 근래에 현아가 치과를

간 적이 없었기에 뭔가 이상했다. 하지만 그렇게 말한 동기를 먼저 확인하고 싶어 현아가 학교에서 돌아오면 대화를 나눈 후에 다시 연락을 하겠다고 말하고 전화를 끊었다. 그런데 아무리 생각해도 현아가 거짓말한 것이 분명했다.

나는 이 일을 어떻게 해야 할지 성령님께 묻고자 말씀을 펼쳐 읽기 시작했다. 그러다가 다음 구절을 읽을 때에 내 마음이 움직였다.

"겉치레(false motives)로 하나 참(true)으로 하나." 1:18

나는 '참'을 선택하기로 결정했다. 하나님의 자녀로서, 큐티하는 자로서 진실하게 행하는 것이 합당하다 여겨졌기 때문이다.

"어떤 이들은 투기와 분쟁으로, 어떤 이들은 착한 뜻으로 그리스도를 전파하나니." 1:15

그리스도는 투기로도, 분쟁으로도, 착한 뜻으로도 전파되었다. 하지만 나는 오직 착한 뜻으로 그리스도를 전파하는 사람이 되고 싶었다. 나는 '참'인 편에 서기로 하고 학교에서 돌아온 현아와 이 일에 대해 나누었다.

현아의 사연은 이러했다. 처음으로 차를 운전하고 학교에 간 날, 들뜬 마음으로 점심시간에 친구들과 함께 차를 끌고 학교 밖으로 나갔다(이것은 부모의 사인이 있었기에 허용되는 일이었다). 그런데 그날따라 식당에 사람이 많아 먹지도 못하고 음식을 사서 돌아왔는데 그만 지각을 하고 말았다. 그러자 치과에 갔다 오느라 늦었다고 학교사무실에 거짓말을 한 것이다.

현아는 내가 자신에게 어떻게 말할지를 다 알고 있는 눈치였다. 나는 큐티한 말씀대로 참되고 진실하게 학교에 얘기하고 싶다고 했다. 마음을 정한 현아는 다음 날 학교에 가서 자신이 그날 거짓말을 했다고 솔직하게 말했다. 이후 담당자는 내게 전화를 걸어 현아가 사실대로 말해줘서 고맙고, 또 그런 현아를 자랑스럽게 여긴다고 전했다. 하지만 별로 수업이 없는 토요일에 학교에 나와 몇 시간 동안 지정된 교실에 있어야 한다고 했다. 나 또한 벌을 주었다. 일주일 동안 하루도 빠짐없이 큐티를 해서 가져 오라고 했다. 현아는 모든 것을 합당하게 여기고 순종했다.

현아가 벌을 받는 토요일, 그 교실에는 현아밖에 없었다. 현아와 함께 지각한 친구들도 제각각 거짓말을 했는데 말이다. 아마 나도 하나님의 말씀을 듣지 못하고 따르지 않았다면 '거짓'에 동조했을 것임에 틀림없다. 어찌되었든 나는 현아가 당한 일이 도리어 큐티에 진전이 되어 기쁘고 또 기쁘다. 비록 잘못에 대한 대가로 큐티를 했을지라도 말이다.

사자 굴에서 받은 선물

Episode 3

나라의 모든 총리와 지사와 총독과 법관과 관원이 의논하고 왕에게 한 법률을 세우며 한 금령을 정하실 것을 구하나이다 왕이여 그것은 곧 이제부터 삼십 일 동안에 누구든지 왕 외의 어떤 신에게나 사람에게 무엇을 구하면 사자 굴에 던져 넣기로 한 것이니이다 … 다니엘이 이 조서에 왕의 도장이 찍힌 것을 알고도 자기 집에 돌아가서는 윗방에 올라가 예루살렘으로 향한 창문을 열고 전에 하던 대로 하루 세 번씩 무릎을 꿇고 기도하며 그의 하나님께 감사하였더라. 다니엘 6:7,10

다니엘은 바벨론에 끌려간 포로였음에도 불구하고 느부갓네살 왕 시대에는 수석 박사요 총리, 벨사살 왕 시대에는 나라의 셋째 통치자였다. 그 후 메대 시대에는 다리오 왕이 모든 고관, 총리 위에 그를 세워 전국을 다스리게 했다. 그러자 시기하는 무리들이 일어나 다니엘을 고발하고자 왕에게 한 금령을 정할 것을 구했다. 그것은 30일 동안 누구든지 어떤 신이나 사람에게 기도하면 사자 굴에 던져 넣는다는 내용으로 다니엘을 고발하기 위해 놓은 덫이었다.

그러나 다니엘은 늘 하던 대로 하나님께 기도를 드렸고, 그들의
계획대로 고발을 당했다. 오래전, 느부갓네살 왕의 진미를 거부하
고 3년 동안 채식과 물만 먹으며 자칫 위험에 빠질 수 있었던 그가
이번에는 다리오 왕의 금령을 거역하고 하루 세 번씩 하나님께 기
도하여 위기에 처했다.

다니엘서를 묵상하다 보니 그의 특별한 신앙의 위력이 내게도
흘러왔다. 그래서 나도 '한 법률'을 세우기로 결심했다. 그것은 다니
엘의 기도, 즉 30일 동안 우리 집 벽장에서 하루 세 번씩 무릎을 꿇
고 기도하며 (사자 굴에 던져질 상황에서도) 하나님께 감사하는 것
이었다.

그런데 이것이 내게 실제로 가능한 일인가? 허리 진통으로 무
릎 꿇는 것조차 어려운 내가 하루에 한 번도 아닌 세 번씩, 하루도
아닌 30일을 한 번도 거르지 않고 할 수 있겠는가? 아니, 오히려
이로 인해 진통이 극심해질 것을 생각하니 두렵고 싫고 자신이 없
었다. 이런 나와 다니엘을 비교하니, 그는 죽을 것을 알면서도 하
나님을 찾았고, 나는 아직 겪지도 않은 고통이 두려워 하나님을 피
하고 있었다.

그 다음 날도 여전히 나는 사자 굴에 던져져 찢기는 고통을 당할
까 봐 겁이 났다. 하지만 성령님은 계속해서 강권하셨다.

"왕이 이 말을 듣고 그로 말미암아 심히 근심하여 다니엘을 구원하
려고 마음을 쓰며 그를 건져 내려고 힘을 다하다가 해가 질 때에 이

르렀더라."6:14

본문말씀에서 다리오 왕은 다니엘을 구하기 위해 애쓰고 있었다. 이런 왕과 나를 비교하니, 왕은 다니엘을 구하려고 종일 힘을 썼고, 나는 다니엘로부터 멀어지기 위해 종일 마음을 쓰고 있었다. 어떻게 하면 그 법률에서 벗어날 수 있을까 근심하면서 말이다.

다음 날 묵상 말씀에서 드디어 다니엘이 사자 굴에 던져졌다. 그러자 왕은 궁에 돌아가 밤이 새도록 금식하고 오락도, 잠자리도 마다했다. 그리고 이튿날 새벽에 일어나 급히 사자 굴로 가서 슬피 소리 지르며 다니엘에게 물었다.

"…살아 계시는 하나님의 종 다니엘아 네가 항상 섬기는 네 하나님이 사자들에게서 능히 너를 구원하셨느냐…."6:20

나는 왕의 소리가 어찌나 구슬피 들리던지 말씀을 읽으면서 눈물이 났다. 하나님을 알지 못하는 대제국의 왕도 다니엘을 위해 먹지도, 자지도 않고 슬피 우는데, 나는 어떠한가를 돌아보니 한없이 부끄러웠다. 그제야 나는 그 자리에 꿇어 앉아 세운 법률에 '순종의 도장'을 찍었다.

이후로 나는 다니엘처럼 우리 집 나만의 기도방인 벽장 안으로 들어가 하루에 세 번씩 무릎을 꿇고 하나님께 기도를 드리기 시작했다. 그러자 놀라운 일이 일어났다. 하나님께서 사자의 입을 봉하셔서 다니엘을 지켜 주신 것처럼 진통으로부터 나를 지켜 주신 것이다. 오히려 순종하지 않고 버텼던 시간이 사자 굴 안에 던져진 듯 고통을 느낀 때였다.

하나님은 정한 법률을 끝까지 지킬 수 있도록 환경도 이끌어 주셨다. 연휴에 계획된 가족여행이 여건이 안 되어 갑작스레 취소가 되었는데, 만약 여행을 갔더라면 우리 집 벽장 안에서 기도하기로 정한 법률을 지킬 수 없었을 것이다. 나는 정한 것을 지킨다는 것이 결코 쉽지 않은 일임을 다시 한 번 깨달았다.

나는 여행 대신 가족과 함께 바람을 쐬러 간 곳에서 다니엘을 떠올리게 하는 한 사람을 보았다. 그는 공공장소임에도 불구하고 나무 아래에 담요를 펼치고 그 위에서 기도를 하고 있었다. 비록 거짓 신을 향한 종교 행위였지만, 그 모습은 내 법률을 상기시켜 주기에 충분했다.

우리의 심령은 하나님께로 돌이키는 시간이 짧으면 짧을수록 민첩해진다. 다니엘은 하루 세 번씩 무릎을 꿇고 기도함으로써 하나님께로 민첩하게 돌이켰다. 이것이 바로 기도의 힘이다.

이후로 나는 사자 굴에서 선물 하나를 받았다. 하나님은 순종하기 두려워하는 나를 기도의 자리로 부르셔서 그분께로 돌이키는 힘, 마음의 민첩함(5:12, 6:3)을 선물로 주셨다. 이 얼마나 큰 은혜인가!

인생을 말한다면

Episode 4

다윗의 아들 예루살렘 왕 전도자의 말씀이라… 나 전도자는 예루살렘에서 이스라엘 왕이 되어 마음을 다하며 지혜를 써서 하늘 아래에서 행하는 모든 일을 연구하며 살핀 즉 이는 괴로운 것이니 하나님이 인생들에게 주사 수고하게 하신 것이라 내가 해 아래에서 행하는 모든 일을 보았노라 보라 모두 다 헛되어 바람을 잡으려는 것이로다… 일의 결국을 다 들었으니 하나님을 경외하고 그의 명령들을 지킬지어다 이것이 모든 사람의 본분이니라. 전도서 1:1, 12-14, 12:13

전도서는 회중에게 진리를 전하는 전도자의 메시지이다. 현대인의 성경에서는 '솔로몬의 인생론'이라고 부르는데, 그 이유는 솔로몬이 생애 말기에 자신의 인생론을 기록한 내용이기 때문이다. 지혜로운 왕 솔로몬은 이 책에서 일생을 통해 얻은 인생의 지혜를 전도자로서 전하고 있다.

솔로몬은 부귀영화를 누린 왕의 신분으로 평생을 살았고, 그 누구보다 지혜로웠다(열왕기상 4:31). 그런데 그가 주장하는 인생이 결코 밝지 않다. 그는 인생이 "헛되고 헛되며 헛되고 헛되니 모든 것이 헛되도다"(1:2)라고 말한다. 사람의 일이 모두 헛되어 바람을 잡는 것과 같다고 말한다.

전도서의 주제는 마지막 12장에 가서야 만날 수 있다. 그래서 거기에 이르기까지 자칫 방관했다가는 "인생은 고통뿐이며 살 만한 가치가 없다"고 주장하는 염세주의, 허무주의, 냉소주의에 빠져 침울해질 수 있다. 그러나 솔로몬이 말하는 헛됨이란, 하나님 없이 '나'를 위하여, 그리고 하늘 아래에서 '내가' 행한 모든 일의 무익함을 뜻하는 것이다. 그러하다면 하나님이 상관하시는 인생과 그분의 뜻을 따라 행하는 일들, 그리고 이 땅에서 받아 누리는 하늘에 속한 신령한 것들은 모두 유익하고 가치 있는 것임에 틀림없다.

솔로몬이 자신의 삶을 마무리하며 우리에게 들려주는 인생론의 결론은 이러하다.

"이제 모든 것을 다 들었으니 결론은 이것이다. 하나님을 두려운 마음으로 섬기고 그의 명령에 순종하라. 이것이 사람의 본분이다."

12:13, 현대인의 성경

나는 전도서 큐티를 시작하면서 책 제목인 '솔로몬의 인생론'에 마음이 꽂혀 스스로에게 이렇게 물어보았다. "솔로몬의 생애를 '지혜로운 왕의 인생'으로 표현한다면, 내 인생은 어떻게 표현할 수 있을까?" 그 답은 오래 고민하지 않아도 쉽게 나왔다. 바로 '고난'이었다. 나는 살아 계신 하나님을 인식하기 시작한 스물다섯 살 때부터 지금까지 고난으로 점철된 삶을 살아가고 있지 않은가.

고난 가운데에서 나는 큰딸 현아에게 수없이 일러준 말이 있다. "현아야, 우리 인생은 수고와 슬픔뿐(시편 90:10)이지만 지치고 힘들 때마다, 슬프고 괴로울 때마다 그 고통을 이길 수 있는 방법이 있단다. 죄와 죄책감에 사로잡힐 때마다, 질병에 매일 때마다 참 자유를 얻는 길이 있단다. 살다가 네게 그런 날이 오면, 예수님을 바라보렴. 예수님만이 모든 것의 근원이시며 죄와 사망에서 우리를 자유케 하시는 구원자이심을, 그리고 우리의 위로자, 치료자이심을 잊지 말고 기억하렴. 그리고 인생에 곤고한 날이 있듯 형통한 날도 있어 그때에 우리는 낙을 누리는데 그 기쁨의 근원도 예수님이시니 항상 그분께 감사드려야 한단다."

그리고 무엇보다 중요한, 그래서 딸의 귀에 못이 박하게 하는 말이 있다. 그것은 내 평생에 멈출 수 없는 고백이자 내 인생의 마지막에 남길 유언이다. "현아야, 예수님과 교제하려면 날마다 그분의 말씀을 묵상해야 한단다!"

고난의 관점에서 본 나 원의숙의 인생론의 결말은 이러하다. "수고와 슬픔뿐인 인생에서 예수님만 찾고 사랑하며 그분의 말씀을 주야로 묵상하라!"

이렇게 내 인생론의 결말을 짓고 있을 그때에 중요한 인턴십 최종 인터뷰를 마친 현아에게서 전화가 왔다. 현아는 "당신의 롤 모델은 누구인가요?"라고 묻는 심사관에게 "My mom!"(우리 어머니)이라고 답하는 순간, 감정에 북받쳐 울었다고 했다. 나도 그 이야기를 들으면서 눈물이 났다. 마치 그 일이 하나님께서 고통으로 가득했던 내 인생의 수고가 헛되지 않았음을 알려 주시고, 그 수고의 몫(현아의 고백)을 얻어 즐거움을 누리게 하시는 선물 같았기 때문이다.

참 잘되었다. 나의 인생론이 현아에게 잘 박힌 못이 되었을 테니, 이것이 현아의 자녀에게도 헛되지 않은 참 소리로 전해지지 않을까?

그곳은 어디, 그는 누구

Episode 5

내가 이르되 주님 무엇을 하리이까 주께서 이르시되 일
어나 다메섹으로 들어가라 네가 해야 할 모든 것을 거기
서 누가 이르리라 하시거늘 나는 그 빛의 광채로 말미암
아 볼 수 없게 되었으므로 나와 함께 있는 사람들의 손에
끌려 다메섹에 들어갔노라 율법에 따라 경건한 사람으로
거기 사는 모든 유대인들에게 칭찬을 듣는 아나니아라
하는 이가 내게 와 곁에 서서 말하되 형제 사울아 다시
보라 하거늘 즉시 그를 쳐다보았노라 그가 또 이르되 우
리 조상들의 하나님이 너를 택하여 너로 하여금 자기 뜻
을 알게 하시며 그 의인을 보게 하시고 그 입에서 나오는
음성을 듣게 하셨으니 네가 그를 위하여 모든 사람 앞에
서 네가 보고 들은 것에 증인이 되리라. 사도행전 22:10-15

본문말씀에서 사울(바울의 히브리식 이름)은 성도들을 잡아오기 위해 예루
살렘을 떠나 다메섹으로 향한다. 그곳에 다다랐을 때, 하늘로부터
큰 빛이 사울을 둘러 비추었고, 그 광채로 인해 그는 볼 수 없게 된
다. 땅에 엎드러진 사울은 예수님의 음성을 듣고 일어나 사람들의

손에 이끌려 다메섹으로 들어간다. 그곳에 있던 아나니아(22:12)는 주님의 명령을 따라 사울에게 안수하고 주님께서 이르신 말씀을 전한다. 그것은 사울을 이방인에게 복음을 전하는 예수님의 증인으로 부르시는 하나님의 뜻이요 섭리였다.

'박해자 사울'이 이방인의 '사도 바울'로 다시 태어난 곳, 예수 믿는 자를 결박하러 갔다가 예수님께 결박당한 곳, 율법을 거스르는 자들을 죽이던 그가 은혜의 복음에 매인 곳, 그곳은 바로 다메섹이었다! 주님의 부르심을 듣고 사명을 받은 장소 다메섹은 그의 삶의 목적과 방향을 바꿔준 전환점이자 사명을 향해 달려가는 출발선이었다.

본문말씀을 묵상할 때, 나는 사울을 비추었던 큰 빛이 내게도 비추어지길 간절히 바라며 "성령님, 제가 들어가야 할 다메섹은 어디인가요?"라고 물었다. 그러나 바울과 함께 가던 사람들이 빛은 보았으나 그에게 말씀하시는 소리는 듣지 못한 것처럼(22:9) 나도 성령님의 음성을 듣지 못했다.

그렇게 종일 다메섹을 찾아다니고 있는데 작은딸 조이가 내게 다가와 자신이 큐티한 내용을 나누었다. 조이는 큐티를 하면서 "Get up"("일어나", 22:10)이라고 말씀하시는 성령님의 음성을 들었는데, 도대체 어디서 일어나야 할지 모르겠다고 했다. 나는 소리를 못 듣고 있던 반면, 조이는 빛이 비추어진 길을 못 찾고 있었던 것이다.

나는 조이에게 "사울이 엎드려져 있던 땅에서 일어난 것처럼 지금 네가 머물고 있는 곳을 살펴보면 어떨까?"라고 권하며 "방학이라고 마냥 누워만 있던 자리에서 이제는 일어나야 하지 않을까?"라고 말했다. (기특하게도 큐티와 운동은 꾸준히 했다.) 그러자 조이가 머리를 끄덕이며 "내내 쉬고 놀기만 했더니 머리가 굳은 것 같아요. 오늘부터 다음 학기를 위해 준비할래요"라고 대답했다. 나아갈 길이 보이니 무엇을 행해야 할지도 찾은 것이다.

옆에서 대화를 듣고 있던 큰딸 현아도 가까이 다가와 고민을 털어놓았다. "엄마, 방학 중에 어떤 강의를 들으려고 계획했는데요. 학생들의 평을 들으니 너무 안 좋아서 수강을 하는 게 맞는 건지 잘 모르겠어요." 나는 고민하며 갈등하는 딸에게 이렇게 권했다. "현아야, 바울은 다메섹으로 들어가기에 앞서 땅에 엎드러지고 앞이 보이지 않았지만, 그럼에도 불구하고 그곳으로 들어갔을 때 새로운 길이 열린 것처럼 엄마는 네가 정한 곳으로 나아가는 것을 주저하지 않으면 좋겠어. 너도 그곳에서 하나님이 예비하신 뜻을 찾을 수 있을 거야." 그제야 큐티 본문말씀을 찾아 묵상한 현아는 자신의 뜻을 중단하지 않고 다메섹으로 들어가기로 결심하고 그 강의를 믿음으로 신청했다. 길에 빛이 비추어지니 나아갈 힘을 얻은 것이다.

아이들과 함께 말씀을 나누던 그때, 드디어 나에게도 성령님의 음성이 들렸다. "너는 다메섹에 있는 아나니아이다!" 처음에는 의아했으나 오늘 하루를 돌아보니 정말 그러했다. 오늘 내가 만난 사울은 현아와 조이였고, 나는 다메섹의 아나니아였다. 나는 가야 할 다메섹이 어디인지 하루 종일 찾고 있었는데, 성령님은 나를 사명자로 부르셔서 행할 일을 가르쳐 주고 계셨던 것이다.

그래서 나는 다시 물었다. "주님, 무엇을 하리이까?"(22:10) 성령님은 내게 또 다른 사울들을 찾아 그를 향한 하나님의 뜻과 섭리를 전하라고 말씀하셨다. 사울이 바울이 되도록 믿음의 확증을 주는 자, 손을 내밀어 다시 보게 하는 자, 부르심의 소망 곧 사명을 찾도록 돕는 자, 거듭나도록 이끄는 자인 아나니아가 되라고 말씀하셨다.

나는 사울이 바울이 되도록 돕기 위하여 "주 여호와여, 학자들의 혀를 내게 주사 나로 곤고한 자를 말로 어떻게 도와줄 줄을 알게 하소서"(이사야 50:4)라고 기도한 뒤에 '다메섹'으로 나갔다. 나가 보니 사울이 왜 이리도 많은가!

살피시는 샘물 곁으로

Episode 6

여호와의 사자가 광야의 샘물 곁 곧 술 길 샘 곁에서 그를 만나 이르되 사래의 여종 하갈아 네가 어디서 왔으며 어디로 가느냐 그가 이르되 나는 내 여주인 사래를 피하여 도망하나이다 여호와의 사자가 그에게 이르되 네 여주인에게로 돌아가서 그 수하에 복종하라 … 하갈이 자기에게 이르신 여호와의 이름을 나를 살피시는 하나님이라 하였으니 이는 내가 어떻게 여기서 나를 살피시는 하나님을 뵈었는고 함이라. 창세기 16:7-9,13

아브라함은 이스라엘 민족의 조상이자 우리 믿음의 조상이다. 하나님은 그를 갈대아인의 우르에서 이끌어 내어 가나안 땅으로 인도하시고, 그 땅을 그의 자손에게 주셔서 그들을 하늘의 뭇별 같이 많게 하겠다고 약속하신다. 그러나 아브람(아브라함의 옛 이름)은 그 땅에서 산 지 십 년이 지나도록 자녀가 없었다.

결국 아브람의 아내 사래(사라의 옛 이름)는 자녀를 얻기 위해 애굽 여종 하갈을 남편에게 첩으로 준다. 하지만 임신한 하갈이 자신을 멸시하자 이에 모욕감을 느끼고 하갈을 학대하기 시작한다. 결국 하갈은 학대를 견디지 못하고 주인 사래를 피해 도망친다. 임신한 여인이 종의 신분으로 도망하는 신세가 되어 광야에 이르렀으니 그 고통이 얼마나 컸겠는가? 그러나 하갈은 이 일을 통해 '나를 살피시는 하나님'(16:13)을 만난다. 주인은 그녀를 학대했으나 하나님은 이방인인 그녀를 살펴주신다.

하나님은 하갈에게 "사래의 여종 하갈아 네가 어디서 왔으며 어디로 가느냐?"(16:8)라고 질문하심으로써 그녀의 정체성(사래의 여종)을 확인시키신다. 우리 인생은 자신의 정체성을 바르게 깨닫고 그 본분에 합당하게 살 때에 비로소 존귀하게 되기 때문이다.

더욱이 그녀의 울부짖음을 들으신 하나님은 태어날 아들 이스마엘을 통해 그녀에게 많은 자손을 주겠다고 약속하신다. 이후로 하갈은 자신을 살피시는 하나님을 만나 하나님이 말씀하신 대로 순종하여 주인에게로 다시 돌아간다.

살피시는 하나님은 본문말씀을 묵상하는 나에게도 같은 질문을 하셨다. "네가 어디서 왔으며 어디로 가느냐?" 이는 내 본분의 시작과 끝을 물으시는 것이었다. "성령님, 말씀을 묵상하는 하나님의 여종으로서 '오늘 제 역할'은 무엇인가요? 제 소임을 찾기 위해 어디로 가야 할까요?"

나는 주인의 명령을 듣기 위해 하나님이 계신 곳을 찾았다. 말씀 속 현장으로 들어가 보니 술로 가는 길 옆, 광야의 샘물 곁에 하갈을 어루만지시는 하나님이 계셨다. 그리고 바로 그곳에 생명이 있고 희망이 있었다. 황량한 사막임에도 물이 있고 길이 난 곳이지 않은가!

그곳에서 내가 만난 하나님은 내게 '하갈'을 찾아 그를 보살펴 길로, 샘물 곁으로 데려오라고 말씀하셨다. "성령님, 오늘 제가 찾아야 할 하갈은 누구인가요?"

교회의 큐티모임 새 학기가 시작되었다. 새로운 자매들이 오면서 다소 변동이 있었지만, 리더는 은정 자매가 계속 맡기로 했다. 그런데 은정 자매는 그 자리가 너무 힘겹고 벅차다면서 연신 눈물을 훔쳤다. 하나님께서 맡기신 직분인데, 그녀의 마음은 벌써 자리를 박차고 광야로 도망간 듯했다. 아, 그녀가 바로 하갈이었다!

은정 자매는 자신이 리더로서 부족하다고 말했지만, 나는 살피시는(see) 하나님을 따라 그분의 관점으로 그녀를 살폈다. 그러자 이게 웬일인가! 그녀의 눈은 샘이었다. 그녀는 묵상한 말씀을 나눌 때면 한마디로 말해 툭하면 운다. 자신이 만난 하나님을 증거하면서 울고, 다른 사람의 나눔을 들으면서 또 운다.

그녀는 물이 마르지 않는 샘처럼 눈물이 마르지 않는 눈물샘을 가지고 있었다. 그런데 눈물이 얼마나 강한 무기이며 능력인가? 늘 애통하는 자가 리더의 자리에 앉아 있으니 그녀의 눈물이 주변의 메마른 심령을 얼마나 많이 적시고 있겠는가? 애통하는 자를 어찌 위로하지 않겠는가?

나는 은정 자매를 찾아가 마음을 힘 있게 하고(시편 104:15) 상쾌하게 하는 음식(창세기 18:5)을 정성껏 대접했다. 그리고 그녀의 눈물이 척박한 땅을 적시는 샘이 되어 상한 영혼들이 하나님을 만나 회복되기를 바라며 간절히 기도했다. 주께로부터 힘을 얻은 그녀는 곧 샘물이 솟아나는 말씀 앞으로 나아가 자신을 살피시는 하나님을 만났고, 주인이 정하신 종의 자리, 곧 리더의 자리로 돌아갔다.

나 역시 오늘의 임무를 마치고 내 발걸음의 시작이자 끝자리인 샘물 곁으로 돌아가, 오늘의 나의 본분이 내 생애의 책무가 되기를 간구했다. 주리고 목마른 영혼들에게 내가 마신 생명수를 나눠 주고, 유리하고 방황하는 자들에게 내가 찾은 길을 가르쳐 주고, 그들과 함께 샘물 곁에 계시는 우리의 주인에게로 돌아가고 싶다. 영원히 목마르지 않는 생명수이시며 우리의 길이 되신 예수님을 내 평생에 증거하기 위해 오늘도 난 내 주인, 주님께로 돌아가서 그 수하에 복종한다. 주님이 계시는 샘물 곁, 큐티하는 자리로 나아간다.

왜 아침에 눈을 뜨나요?

Episode 7

주께서 내 내장을 지으시며 나의 모태에서 나를 만드셨
나이다 내가 주께 감사하옴은 나를 지으심이 심히 기묘
하심이라 주께서 하시는 일이 기이함을 내 영혼이 잘 아
나이다 내가 은밀한 데서 지음을 받고 땅의 깊은 곳에서
기이하게 지음을 받은 때에 나의 형체가 주의 앞에 숨겨
지지 못하였나이다 내 형질이 이루어지기 전에 주의 눈
이 보셨으며 나를 위하여 정한 날이 하루도 되기 전에 주
의 책에 다 기록이 되었나이다 … 하나님이여 나를 살피
사 내 마음을 아시며 나를 시험하사 내 뜻을 아옵소서 내
게 무슨 악한 행위가 있나 보시고 나를 영원한 길로 인도
하소서. 시편 139:13-16, 23-24

하나님이 하시는 일들이 참으로 기이하다. 지혜로 하늘을 지으심이,
땅을 물 위에 펴심이, 큰 빛들을 지으심이, 해로 낮을 주관하게 하시
고 달과 별들로 밤을 다스리게 하심이 참으로 경외롭다(136:5-9). 나
를 지으심도 감히 헤아릴 수 없을 만큼 신기하고 오묘하다. 내 형체
(frame)와 형질(body)을 가진 사람이 이 세상에 단 한 명도 없으니 그
솜씨가 얼마나 훌륭하신가.

어머니의 태에서 베 짜듯이 나를 지으신 하나님만큼 나를 잘 아

는 이가 또 어디 있을까. 나도 나를 잘 모르는데 말이다. 그분은 내 앞뒤를 둘러싸시고 나와 내 모든 길을 감찰하고 계신다. 내가 앉고 일어섬을 아시고 멀리서도 내 생각을 밝히 아시며 내 모든 행위를 익히 알고 계신다. 내 혀의 말도 알지 못하시는 것이 하나도 없으시다(139:1-5).

그 하나님께서 오늘 나를 주목하여 내 마음을 살펴보시고, 나를 시험하여 내게 무슨 악한 행위가 있는지 내 생각을 알아보겠다고 하신다(139:23-24). 그 순간 나는 시험대에 오른 듯 두려웠지만, 성령 안에 깨어 그 시험을 잘 통과하길 기도하면서 하루를 보냈다. 나도 하나님처럼 내 행위를 시시각각 살펴보았다.

그러나 오전이 지나고 오후가 되도록 아무 일도 일어나지 않았다. 안도의 한숨을 내쉰 까닭일까? 긴장한 마음이 서서히 풀리면서 육체의 고단함이 겹겹이 밀려왔다. 그래도 딸들과의 약속을 지키기 위해 무거운 몸을 이끌고 식당으로 향했다.

주문한 음식이 나오기 전, 언니에게 질세라 학교와 친구 이야기로 끊임없이 수다를 떨던 조이가 생뚱맞게 "왜 우리는 아침이 되면 눈을 떠요?"라고 물었다. 나는 큐티한 말씀이 생각나서 "하나님이 우리 몸을 그렇게 만드셨기 때문이야. 집으로 돌아가면 오늘 큐티를 꼭 해보렴"이라고 대답해주었다.

식사 후에 계산서를 보니 조이가 시킨 음료수 값이 빠져 있었다. 내가 신이 나서 말하자 현아는 나를 따라 활짝 웃었고, 조이는 정직하게 말해야 되지 않느냐고 말했다. 그러나 나는 아무 망설임도, 찔

림도 없이 '이거 참 기이한 일이다' 하면서 구렁이 담 넘어가듯 슬쩍 넘어갔다.

나는 집으로 돌아와 오늘 하루를 점검하기 위해 본문말씀을 펼쳐 든 순간, 아차 했다. 정직하지 못했던 음식점에서의 일, 그 일이 바로 오늘 나를 살펴보겠다고 하신 하나님의 테스트였던 것이다. 아, 일상 속에서의 내 악한 행위가, 그리고 그 속에 담긴 그릇된 마음이 다 들통나버리고 말았다.

뿐만 아니라 왜 아침에 눈을 뜨냐는 조이의 황당한 질문은 우둔함 속에 갇혀 있는 나를 깨우치고자 하시는 하나님의 간섭이었다. 뜬금없던 그 질문이 오늘 말씀묵상 본문의 한 구절이었음을 확인한 나는 하나님의 기이한 섭리에 놀라움을 금치 못했다.

"하나님이여 주의 생각이 내게 어찌 그리 보배로우신지요 그 수가 어찌 그리 많은지요 내가 세려고 할지라도 그 수가 모래보다 많도소이다 내가 깰 때에도(When I awake) 여전히 주와 함께 있나이다."

138:17-18

도대체 내 형질은 무엇인가? 주와 함께 하지 않으면 깨어 있지 못하고 악인의 꾀를 따르는 형질, 그것이 바로 내 본질이었다. 그런 내 존재를 꿰뚫어 보시는 하나님이신데, 내가 어머니 태에서 만들어지고 있을 그때에도 내 형체를 보고 계셨던 하나님이신데, 어찌 내 죄 된 행위가 그분의 눈을 피할 수 있겠는가?

그날 저녁, 나는 조이와 함께 큐티한 내용을 나누었다. "주께서 하시는 일이 기이함"(139:14, your works are wonderful)을 묵상한 조이는 오늘 자신이 행한 '기이한 일'(wonderful work)에 대해 들려주었다. 방과 후 자기 반에서 회의가 열린다는 선생님의 말을 듣고 스스로 쓰레기통을 비우고 책상 정리를 했다는 것이다. 자신이 맡은 일도, 누가 시킨 일도 아니었음에도 기이한 일을 행하시는 하나님처럼 멋진 일을 행한 조이는 이 하루 하나님의 다스림 속에 있었다.

말씀이 적용된 조이의 기이한 행위, 말씀으로 해석된 나의 악한 행위…. 내 태에서 난 조이가 오늘은 내 형질을 닮지 않고 하나님을 닮은 것이 정말 감사한 하루였다.

몇 개월 뒤, 나는 레스토랑에서 그때와 똑같은 일을 경험했다. 하지만 전과는 다르게 반응했다. 개처럼 토한 것을 다시 먹고 돼지처럼 몸을 씻고도 다시 진탕에 뒹굴 수 없지 않은가. 나는 두 딸에게 계산서를 보여 주며 조이로 하여금 웨이터에게 정직히 말하게 했다. 그랬더니 그는 괜찮다고 하며 음료수 값을 받지 않았다. 도넛 가게에 갔을 때도 그랬다. 도넛 한 상자(12개)를 주문했는데, 어찌된 일인지 13개가 들어 있었다. 이를 재빠르게 본 조이가 점원에게 알려 주니 그는 "너, 내가 하는 일을 믿지 못하는 거야? 나는 실수하지 않고 일을 잘해내는 사람이야"라고 웃으며 우리에게 윙크를 했다. 나는 그녀를 통해 "오케이, 이제 통과!" 하시는 하나님의 사인을 받은 듯하여 마음이 기뻤다.

사랑하고 있다면

Episode 8

그리스도 예수 안에서는 할례나 무할례나 효력이 없으되 사랑으로써 역사하는 믿음뿐이니라 … 형제들아 너희가 자유를 위하여 부르심을 입었으나 그러나 그 자유로 육체의 기회를 삼지 말고 오직 사랑으로 서로 종 노릇하라 온 율법은 네 이웃 사랑하기를 네 자신 같이 하라 하신 한 말씀에서 이루어졌나니. 갈라디아서 5:6,13-14

율법과 선지자들을 통하여 나타내신 한결같은 하나님의 뜻은 사랑이었고, 그 사랑은 하나님의 아들이신 예수님을 통해 십자가에서 온전히 이루어졌다. 예수님의 십자가 대속은 하나님의 사랑을 온전히 나타냄과 동시에 율법을 완성했다.

사랑으로 율법을 완성하신 예수님은 율법 중 가장 큰 계명이 무엇인지 우리에게 알려 주셨다.

"예수께서 대답하시되 첫째는 이것이니 이스라엘아 들으라 주 곧 우리 하나님은 유일한 주시라 네 마음을 다하고 목숨을 다하고 뜻을 다하고 힘을 다하여 주 너의 하나님을 사랑하라 하신 것이요 둘째는 이것이니 네 이웃을 네 자신과 같이 사랑하라 하신 것이라 이보다 더 큰 계명이 없느니라." 마가복음 12:29-31

우리가 이 말씀을 지키고 따른다면 주님을 향한 우리의 사랑이 표현될 것이다. 그리고 그것은 우리를 향하신 사랑을 십자가에서 확증하신 예수님을 믿는 믿음의 증거가 될 것이다.

본문말씀은, 예수 안에서는 할례를 받거나 안 받는 것(율법적인 것)이 문제가 아니라 사랑으로 표현되는 믿음만이 중요하다고 전한다. 사랑으로 이웃을 섬기는 기쁨은 우리를 율법에서 자유케 한다고 전한다. 그렇다면 지금 나는 어떠한가? 내 믿음은 사랑으로 잘 표현되고 있는가? 나는 이웃을 섬기는 기쁨을 진정으로 알고 있는가?

그즈음 나는 마이라를 만났다. 그녀는 중앙아메리카에 있는 온두라스공화국에서 온 이민 1.5세로 우리가 서로 교제한지는 5년 정도 되었다. 나는 1년에 몇 차례씩 생활용품을 정리하여 마이라에게 전하곤 하는데, 그녀는 그 물건들을 필요한 이웃에게 나누어 주고, 나머지는 전부 고국으로 보냈다.

최근 마이라는 새로운 변화를 경험하고 있었다. 딸만 하나였던 그녀에게 무려 여섯 명의 딸이 더 생긴 것이다. 생후 10개월, 두 살배기, 열네 살, 열여섯 살, 열여덟 살, 스무 살 된 아이들…. 모두 온두라스에서 데려온 언니의 딸들이었다.

마이라는 조카들을 미국으로 데려오기 위해 매달 돈을 저축했다고 했다. 그래서 나는 '그녀가 특별히 사랑했던 언니였구나'라고 생각했는데 그것도 아니었다. 언니는 이복언니였고 같이 지낸 날도 그리 길지 않았다. 그렇다면 왜일까? 마이라는 이 많은 조카들을 데리고 어떻게 살려는 것일까?

마이라는 왜 조카들을 데려왔냐는 질문에 주저하지 않고 대답했다. "고아가 됐으니까요!" 그녀는 어린 조카들을 외면할 수 없었다고 했다(못 먹어서 비쩍 마른 조카들을 보니 그 심정이 이해가 되었다). 도대체 생활은 어떻게 꾸려 나갈 계획이냐고 물으니 그 대답 또한 단순했다. "나누면 되어요!" 집의 공간을 나누어 자고, 먹을 것을 나누어 먹으면 된다고 했다. 감사하게도 조카들은 이모만 의지하지 않았다. 큰 두 조카는 그녀를 도와 일을 했고, 셋째와 넷째는 어린 두 동생을 돌보며 도왔다.

마이라는 청각 장애와 지적 장애가 있는 십대 딸 메건이 이 상황을 혼란스러워하고 있지만, 곧 안정될 것이라고 담담하게 말했다. 이런 상황에 다른 남자 같으면 벌써 도망갔을 텐데 함께 견뎌 주는 남편에게도 고맙다고 했다. 괜찮다고, 잘 이겨낼 것이라고 하는 그녀의 눈에 눈물이 가득한 것을 보니 결코 쉽지만은 않은 듯했다. 그녀를 바라보며 마음이 처연했지만, 동시에 예수님의 사랑을 그렇게 표현하는 그녀가 대견스러웠다. 자기 자신을 희생하며 가진 것을 나누고 섬기는 그녀의 믿음이 참으로 자랑스러웠다.

마이라의 이야기는 나에게 짐이 되었다. 무거웠으나 함께 짊어져야 할 것 같았다. 그래서 나는 "기회 있는 대로 모든 이에게 착한 일을 하되 더욱 믿음의 가정들에게"(6:10) 하라고 하신 말씀을 따라 그녀를 만날 때마다 내가 가진 것을 나누었다. 사용하다가 해어지거나 닳아서 버려야 할 용품이 아닌 지금 내가 사용하고 있는 것으로, 먹다가 싫증나서 치우고 싶은 양식이 아닌 나도 먹어야 하는 것으로, 내 필요를 채우고 남은 재물이 아닌 내 필요를 채우기 이전 것으로….

다음에는 메건과 아이들이 좋아하는 컵라면을 주기 위해 미리 몇 박스 사다 놓아야겠다.

아, 드라마를 묵상했다

복 있는 사람은 악인들의 꾀를 따르지 아니하며 죄인들
의 길에 서지 아니하며 오만한 자들의 자리에 앉지 아니
하고 오직 여호와의 율법을 즐거워하여 그의 율법을 주
야로 묵상하는도다. 시편 1:1-2

Episode 9

구약의 시편은 여러 저자가 쓴 150편의 시로 이루어져 있다. '찬양
의 책'이라 불리기도 하고, '성스러운 노래' 혹은 '시'라는 뜻을 내포
하고 있는 시편은 다양한 주제로 나뉜다. 특별히 1편은 서문적인 성
격을 띠고 있는데, 거기에 담긴 주제는 시편 전체의 내용을 대표한
다고 말할 수 있다.

시편 1편의 서두는 "복 있는 사람"으로 시작하고 있다. 하나님
께서 성경을 통하여 정의하신 복 있는 사람은 "여호와의 율법을 즐
거워하며 그 율법을 밤낮 묵상하는 자"이다(현대인의 성경).

나는 시편 1편의 1-2절 말씀을 묵상해나가던 중에 한 의문이 들
었다. 하나님은 왜 '복 있는 사람'에 대해 공포하시는 첫 말씀에서
"아니하며, 아니하며, 아니하고"라고 하셨을까? 나는 다음과 같이
1절과 2절의 순서가 바뀌어도 무난할 것 같았다.

"복 있는 사람은 오직 여호와의 율법을 즐거워하여 그의 율법을 주야로 묵상하는도다 그러므로 그는 악인들의 꾀를 따르지 아니하며 죄인들의 길에 서지 아니하며 오만한 자들의 자리에 앉지 아니하는도다."

왜냐하면 주의 말씀을 종일 읊조리며 묵상하는 자에게는 "악한 자들의 말을 듣지 않고 죄인들을 본받지 않으며 하나님을 조롱하는 자들과 어울리지 않는"(1:1, 현대인의 성경) 결과가 순차적으로 따를 것 같았기 때문이다. "성령님, 왜 굳이 하지 말라는 부정적인 말씀을 먼저 언급하셨나요? 저는 그 이유를 모르겠어요."

"…따르지 아니하며 … 서지 아니하며 … 앉지 아니하고."1:1

새해를 맞아 주님과의 더 깊은 교제를 갈망하는 나를 돌아보면서 그 뜻을 해석해보니 어김없이 '결단'이 먼저 필요함을 깨달았다. '결단'은 나에게 한 해를 허락해주신 주님의 뜻을 행하며 그분의 일을 온전히 이루고 주님께만 집중하기 위해 준비해야 하는 기초 단계였다. 그것은 어떤 일을 이루기 위한 기초 작업으로 그 일에 방해되는 무익한 것을 다 찾아 끊고자 하는 확정된 마음이었다.

그런데 이를 어쩐다! 새해가 시작된 이후 지금까지 아무 결단도 없이 스멀스멀 기어가고 있는 나 자신을 발견하고 말았다. 자칭 결단도 잘하고 계획 하나는 끝내주게 잘 세우는 나인데 말이다. 그 이유가 이러하다.

겨울방학이 시작되어 큰딸 현아가 학교 기숙사에서 집으로 돌아왔다. 오자마자 밀려 있던 내 작업(영어가 필요한 외부적인 일)을 도와주고, 이불 빨래 등 집안일도 거들어 주고, 못다 잔 잠도 실컷 자고, 못 먹던 것도 한껏 먹고 난 뒤에 놀아 달라고 졸라대는 동생과도 시간을 같이 보내기 위해 한국 드라마를 시청했다. 일곱 살 차이가 나지만 이제는 중학생이 된 조이와 함께 서로 눈높이를 조금만 조정해서 보면 되는 하이틴 로맨스 드라마였다.

나로 말하자면, 열일곱 살에 텔레비전을 보지 않기로 결단하고 (결코 공부벌레는 아니었음) 그 마음을 아직까지도 잘 유지하고 있는 편이다. 하지만 드라마는 위험하다! 한 번 꽂히면 끝을 봐야 하고, 혼을 빼고 보는데다 후유증(드라마가 끝난 뒤에도 며칠을 사로잡혀 있음)도 커서 아예 시작을 하면 안 된다.

나는 같이 보자고 한마디씩 던지는 딸들의 말에 넘어가지 않고 유유히 집안을 다녔는데, 정말 그랬는데, 어느새 지나가던 길에 멈춰 서서 보기 시작했다. 그러다가 이렇게 보니 차라리 편하게 보자며 자리에 앉았다. 이런 내 모습을 돌아보니 꼭 본문의 1절 말씀과 같았다. 유혹의 말을 따르다 그 길에 서 있더니 한층 더 나아가 자리를 잡은 형국이었다.

게다가 주야로 묵상하라는 말씀을 반만 적용해 낮에는 주의 말씀을, 밤에는 드라마를 묵상했다. 하지만 화려한 장면과 주인공의 어록이 내내 내 생각을 사로잡아 마음으로는 주야로 드라마를 묵상하고 있었다.

아, 미혹됨은 한순간이다. 사탄은 작은 틈새를 비집고 들어오지만, 악한 세력이 장악한 길은 어느새 넓어져 나를 다스릴 만한 자리까지 차지하고 만다.

이제 나의 새로운 결단은 이것이다. "미혹되지 말자!"

생명이 달린 회개

Episode 10

요람이 곧 손을 돌이켜 도망하며 아하시야에게 이르되 아하시야여 반역이로다 하니 … 유다의 왕 아하시야가 이를 보고 정원의 정자 길로 도망하니 예후가 그 뒤를 쫓아가며 이르되 그도 병거 가운데서 죽이라 하매 이블르암 가까운 구르 비탈에서 치니 그가 므깃도까지 도망하여 거기서 죽은지라. 열왕기하 9:23,27

이스라엘은 초대 왕 사울에 이어 다윗과 그의 아들 솔로몬이 다스리기까지 통일왕국이었으나 솔로몬 사후에 북이스라엘과 남유다로 나뉜다. 이 두 나라를 통치하는 왕들에 대한 이야기인 열왕기서의 왕들에 대한 평가기준은 정치, 외교, 군사력 등이 아닌 오로지 '신앙'이었다.

둘로 나뉜 남과 북 왕국은 때론 전쟁을 하였으나 북왕 아합 때에 이르러 남왕 여호사밧과 화친을 맺고, 자녀들을 혼인시킴으로써 동맹 관계를 유지해나갔다. 그러던 중 이스라엘 왕 요람과 유다 왕 아하시야가 연합하여 아람과 싸우다가 아하시야의 외삼촌 요람이 부상을 당하자 아하시야는 치료 중인 그를 찾아간다. 그때 하나님께서 엘리사를 통해 이스라엘의 왕으로 기름 부으신 예후의 반역이 일어나고, 요람은 예후의 활에 맞아 죽는다. 이를 보고 도망하던 아하시야도 부상을 입은 채로 쫓기다가 죽는다. 부상을 당한 몸으로 므깃도까지 도망가던 아하시야 왕, 만약 내가 그였다면 주님은 내가 어떻게 하길 원하셨을까?

본문말씀을 큐티한 날, 가족과 함께 점심을 먹으러 갔다. 레스토랑에 들어가 앉은 자리는 뒷문 곁이었는데, 식사를 마친 사람들이 그 문으로 나갈 때마다 큰 소리가 났다. 오래된 나무문이 서로 부딪혀 창문까지 흔들릴 정도였다. 나가는 사람들이 문이 닫힐 때까지 잡아 주면 이렇게까지 소리가 나진 않을 텐데, 배려하는 마음이 없다는 판단과 불평이 내 안에 자리 잡기 시작했다. 그래도 고상하게 (?) 내색은 하지 않고 잘 참았는데, 밥을 먹다가 깜짝깜짝 놀라던 남편이 짜증을 내며 한마디씩 하다가 그 소리가 점점 커지기 시작했다. 이에 난감해진 우리는 그를 애꿎게 타박했다.

여러모로 편치 않게 식사를 마친 후, 남편은 보란 듯이 그 뒷문으로 나섰고, 문소리는 미안하기 짝이 없게 아주 컸다. 뒤따라가던 나는 어떻게 해서든 소리를 줄여 보려고 문을 잡았는데 가까이에서 보니 손잡이가 없어서 끝까지 문을 붙잡고 있다가는 문 사이에 손이 끼겠고 손을 놓자니 문소리는 클 수밖에 없는 형국이었다.

나는 문을 닫고 나와 남편의 뒤통수에 대고 어찌 그리 불평을 하냐고 쏘아붙이며 따라가다가 그만 층계를 보지 못하고 왼발을 접지르고 말았다. 발등이 바닥에 닿고 온몸의 힘이 그 발에 몰린 순간,

상황의 심각성이 민첩하게 깨달아지면서 오래전 깁스를 하고 몇 달간 고생했던 것이 떠올라 눈앞이 깜깜해졌다.

그 순간 나를 지켜보고 있는 두 딸의 얼굴이 눈에 들어왔다. 우리가, 아니 내가 지금 무슨 짓을 한 것인가? 나는 아이들 앞에서 본이 되지 못한 것에 대한 부끄러움을 느꼈고, 남편을 향한 나의 언행이 그릇되고 불의하였음을 깨달았다. 온전하지 못한 내 모습에 주님께 죄송하고 남편에게 미안한 마음이 물밀듯 밀려와 즉시 그자리에서 전심으로 회개했다.

절뚝거리며 집으로 돌아오니 통증이 점점 심해지고 있었다. 나는 곧바로 누워 쉬고 싶었지만, 바로 골방으로 들어가 무릎을 꿇고 엎드려 진실한 회개의 고백을 다시 한 번 드렸다. 그리고 주님의 치료하심을 간절히 구했다. 불의하였을지라도 용서를 구하면 외면치 않으시고, 믿음으로 구하는 자에게 치유의 손길을 내미시는 주님께 간절히 호소했다.

기도를 마치자 피곤함이 밀려와 깊은 단잠에 빠졌다. 발 위에 얼음만 얹고 잠이 들었는데 일어나 보니 진통이 사라지고 걸을 만한 힘이 났다. 나를 용서해주시고 치료해주신 주님께 진심으로 감사를 드렸다.

밤에 본문말씀을 다시 펼쳐 보니 아하시야에게서 내 모습이 보였다. 레스토랑의 뒷문을 열고 나간 곳은 정원의 정자가 연상되는 풍경으로 오리들이 한적히 노니는 작은 못이 있었고, 그곳으로 내려가는 길은 비탈져 계단들이 있는 장소였다. 이 두 장면을 비교해

보니 정원의 정자 길로 도망가다가 구르 비탈에서 부상당한 아하시야와 계단에서 접질린 내 모습이 참으로 같지 아니한가. 하지만 다른 점은 그는 도망가면서 끝까지 하나님을 찾지 않아 죽었고, 나는 즉시 회개하며 무릎을 꿇어 구원을 얻었다.

순종의 지침서

네가 네 하나님 여호와의 말씀을 삼가 듣고 내가 오늘 네 게 명령하는 그의 모든 명령을 지켜 행하면 … 네가 네 하나님 여호와의 말씀을 청종하면 … 네가 만일 네 하나 님 여호와의 말씀을 순종하지 아니하여 내가 오늘 네게 명령하는 그의 모든 명령과 규례를 지켜 행하지 아니하 면 …. 신명기 28장

Episode 11

신명기 28장에는 순종에 따르는 축복(1-14절)의 말씀과 불순종에 따르는 저주(15-68절)의 말씀이 나온다. 그런데 저주에 대한 말씀이 축복에 대한 말씀보다 네 배 더 많이 나온다. 아마도 그 이유는 우리가 순종보다 불순종을 더 많이 하기 때문일 것이다.

순종에 따르는 축복의 말씀을 묵상할 때, 내 마음이 얼마나 흡족했는지 모른다. 하나님의 말씀을 잘 듣고 지켜 행하는 자는 세계 모든 민족 가운데 존귀하게 된다. 어디서나 복을 받고, 머리가 된다. 후손이 번성한다. 하나님 나라의 신령한 복과 이 땅에서의 풍요를 누린다. 하나님은 말씀을 떠나 좌로나 우로나 치우치지 않고 우상을 섬기지 않으면 이와 같은 복을 주겠다고 약속하신다. 얼마나 가

습 벅찬 약속인가. 소망이 절로 생기는 듯하다. 그러나 순종은 단순히 복을 받기 위해 하는 것이 아니다. 하나님을 사랑하는 진실한 마음으로 하는 것이다. 순종을 잘해서 하나님의 축복을 받는다면 얼마나 좋을까마는 이 순종이 여간 어려운 것이 아니다.

그러면 불순종의 결과는 어떠한가? 어디를 가든지 무엇을 하든지 저주를 받는다. 각종 질병이 임하고, 압제와 학대를 받는다. 전쟁으로 멸망한다. 극렬한 재앙이 후손에게까지 임한다. 이 얼마나 두려운 말씀인가? 불순종의 형벌이 두려워서 순종하는 것은 아니지만, 하나님의 말씀을 거스르는 방향으로 빠르게 달려가는 우리로서는 두려움으로 받아야 할 말씀이다. 지금 내 삶에 이런 문제가 있다면 어서 회개하고 돌이켜 순종의 자리로 나아가야 한다.

큐티를 시작한지 5년째 되던 해, 그해 1년을 돌아보니 내가 영적으로 그토록 성장한 적이 없었다. 기도와 찬양의 불이 꺼지지 않았고, 묵상한 말씀이 꽃을 피우며 풍성한 열매를 맺었다. 나는 전심으로 하나님을 찾았고, 내 삶의 많은 우상들을 깨뜨렸다. 마음과 뜻을 다하여 하나님을 사랑하고, 그분의 말씀에 순종했다.

그러나 그해만큼 우리 가정에 큰 전쟁이 임한 적도 없었다. 첫째 딸 현아가 11, 12학년(고등학교 3학년) 과정에 있어서 온 가족이 예민했다. 현아에게 집중하다 보니 소심해진 둘째 딸 조이는 상반된 감정 변화를 자주 일으켰다. 한 밥상에 앉은 남편과 나는 북방 왕, 남방 왕으로 나뉘어 다투고 서로의 권세를 부렸다. 온 가족이 서로 이렇게 저렇게 부딪치게 되니 집안은 마치 살얼음판과 같았다.

어느 날 조이의 발에 피부병이 생겼는데 두 달이 지나도 낫질 않았다. 당뇨 환자에게 발은 잘 살펴보아야 하는 곳인데, 우리는 증상이 심해지고 나서야 신경을 썼다. 병원에 다녀와 계속 약을 발랐지만 호전은커녕 피부가 찢어지고 갈라져 조이는 고통을 호소했다. 그런데 그때도 우리는 기도하지 않았다. 아니, 기도는 했지만 심각한 병이 아니라 여겼는지 간절하게 하지 않았다. 그렇게 우매한 상태로 있다가 나는 다음 말씀을 보고서야 가슴이 철렁 내려앉았다.

"여호와께서 애굽의 종기와 치질과 괴혈병과 피부병으로 너를 치시리니 네가 치유 받지 못할 것이며 … 네 자녀를 다른 민족에게 빼앗기고 종일 생각하고 찾음으로 눈이 피곤하여지나 네 손에 힘이 없을 것이며 … 이러므로 네 눈에 보이는 일로 말미암아 네가 미치리라."
28:27,32,34

큐티할 때, 유독 눈에 들어오고 귀에 들려지고 마음으로 깨달아지는 말씀이 있다. 하나님의 음성이 가슴에 꽂혀 나를 옴짝달싹 못하게 만드는 말씀이 있다. 바로 신명기 28장이 내게 그랬다. 아닌 척 슬쩍 피하고 싶었지만 조이 발의 피부병은 남편, 나, 현아, 조이 각 사람이 하나님께 불순종한 죄의 결과처럼 느껴졌다. 그날 이후로 나는 외출을 자제하고 근신하며 하나님 앞에 나아가 우리 가족의 죄를 회개하기 시작했다.

나는 밤마다 조이를 데리고 기도의 자리로 나아갔다. 그 자리는 발의 치유보다도 서로에게 마음을 여는 시간이 되었다. 기도하기에 앞서 조이에게 하나님의 말씀을 이야기로 들려주니 참 좋아했다. 재밌게 잘 듣고, 질문도 많이 했다. 조이는 말씀을 듣다가 눈물을 글썽거리기도 했는데, 하나님의 이름을 들을 때마다 왠지 눈물이 난다고 그랬다.

조이의 손을 꼭 잡고 눈물을 흘리며 기도할 때, 조이도 어찌나 뜨거운 눈물을 흘리던지 내 마음이 다 녹는 듯했다. 우리는 서로에게 상처준 것, 용서하지 못한 것, 사랑하지 못한 것, 이해해주지 못한 것을 함께 회개했다. 내가 조이에게 잘못한 것을 고백하면서 눈물을 흘리자, 조이는 나를 안아 주며 등을 다독거려 주었다.

"엄마 손을 잡고 기도하면, 마치 하나님 손을 잡고 있는 듯해요." 나는 조이가 이렇게 울면서 말할 때, 더 많이 회개했다. 그동안 나는 "아픈 몸으로 아픈 딸까지 간호해야 하는 내 삶이 너무 힘겹다"고 불평하며 아이에게 얼마나 많은 상처를 주었던가. 그런데 그런 엄마에게서 하나님의 손길을 느꼈다는 조이, 도대체 아이는 나의 따뜻한 어루만짐을 얼마나 기다리고 있었던 것인가.

나는 가족을 위해 기도할 때마다 말씀에서 깨달은 우리의 죄를 하나하나 자백하며 회개했다. 모든 것이 풍족하여도 기쁨과 즐거운 마음으로 하나님을 섬기지 않은 것(28:47), 자기 품의 남편과 자기 자녀를 미운 눈으로 바라본 것(28:56), 완악하고 패역하여 부모 말에 순종하지 아니하고 징계하여도 순종하지 아니한 것(21:18), 우리 안에 생긴 독초와 쑥의 뿌리(29:18)로 하나님을 경외하지 않고 이를 회개하지 않은 것, 나와 나의 만족을 위해 우상을 섬기고 절한 것 등 무수히 많았다. 나는 이렇게 드러난 죄 말고도 우리의 감추어진 죄와 숨은 허물까지도 밝히 깨달아 회개하고자 할 때, 다음 약속의 말씀을 붙들고 하나님의 긍휼하심을 구했다.

"네 하나님 여호와께서 너를 사랑하시므로 네 하나님 여호와께서 발람의 말을 듣지 아니하시고 네 하나님 여호와께서 그 저주를 변하여 복이 되게 하셨나니." 23:5

통회하는 심령으로 하나님 앞에 엎드린 어느 날, 성령님께서 금식을 명하셨다. 나는 9년 동안 금식을 한 적도 없고, 할 수도 없었다. '이 몸으로 금식을 할 수 있을까?', '체력이 떨어져서 진통이 더 심해지면 어떡하지?', '금식하는 동안 진통제를 먹지 못할 텐데 어떻게 견디지?' 나는 여러 두려운 생각에 도무지 마음이 움직여지지 않았다. 다음 말씀이 내게 불같이 임하기 전까지 말이다.

"여호와께서 네 재앙과 네 자손의 재앙을 극렬하게 하시리니 그 재앙이 크고 오래고 그 질병이 중하고 오랠 것이라." 28:59

여기서 하나님은 재앙을 극렬하게 하신다고, 그래서 그 질병이 중하고 오랠 것이라고 엄히 말씀하고 계신다. 나는 이 말씀을 두려

운 마음으로 묵상한 날, 우연히 읽은 책에서 또다시 금식과 관련된
말씀을 발견했다.

"여호와의 말씀에 너희는 이제라도 금식하고 울며 애통하고 마음을
다하여 내게로 돌아오라 하셨나니." 요엘 2:12

나는 이제라도 금식하고 울며 애통하고 마음을 다하여 하나님
께 나아가야 했다. 그래서 마침내, 하루 한 끼 금식을 시작하게 되었
다. 하지만 아침을 금식하니 진통제를 먹을 수 없어 괴로웠다. 이때
성령님은 또 한 말씀을 들려 주셨다.

"내가 기뻐하는 금식은 흉악의 결박을 풀어 주며 멍에의 줄을 끌러
주며 압제 당하는 자를 자유하게 하며 모든 멍에를 꺾는 것이 아니
겠느냐." 이사야 58:6

금식을 하자 온몸에 힘이 빠지고, 진통제를 먹지 못하니 통증이
더 심해졌다. 급기야 몸의 균형이 깨져 하혈까지 하기 시작했다. 그
렇게 금식하는 가운데 지쳐 누워 있을 때, 다음 말씀이 나팔소리처
럼 내 귀에 크게 들렸다.

"크게 외치라 목소리를 아끼지 말라 네 목소리를 나팔 같이 높여 내
백성에게 그들의 허물을, 야곱의 집에 그들의 죄를 알리라 … 네가

부를 때에는 나 여호와가 응답하겠고 네가 부르짖을 때에는 내가 여기 있다 하리라…." 이사야 58:1,9

나는 이 말씀을 듣고 도저히 누워 있을 수가 없었다. 그날부터는 아침마다 크게 부르짖어 기도하기 시작했다. 성령님의 이끄심을 따라 나아가니 금식이 수월해졌고, 부르짖어 기도하고 나면 오히려 더 힘이 났다. 물론 늘 성공한 것은 아니었다. 어떤 날은 가정 안에 다툼이 있어서 부르짖지 못하기도 했다. 그럴 때면 기도하지 못하게 방해하는 사탄의 궤계에 통한해 하며 다시 기도의 자리로 나아갔다.

하나님은 아침에는 금식으로, 저녁에는 조이와 함께 기도하며 마음을 낮추는 우리를 기쁘게 받아 주셨다.

"너와 네 자손이 네 하나님 여호와께로 돌아와 내가 오늘 네게 명령한 것을 온전히 따라 마음을 다하고 뜻을 다하여 여호와의 말씀을 청종하면 네 하나님 여호와께서 마음을 돌이키시고 너를 긍휼히 여기사 포로에서 돌아오게 하시되 … 여호와께서 네 조상들을 기뻐하신 것과 같이 너를 다시 기뻐하사 네게 복을 주시리라." 30:2-3,9-10

하나님께서 불순종하는 자들을 징계하시는 이유는 그들을 멸망시키고자 함이 아니다. 어서 돌아오라고 하시는 것이다. 어떻게든 하나님께로 돌이키시기 위함이다. 그래서 고난은 잠깐이다. 하나님께 돌아가기만 하면 우리에게 영원한 멸망이란 없다.

우리 가정에 회복의 길이 열리자, 마음에 평강을 얻은 나는 조이의 치유를 위해 더욱 간절히 기도했다. 그러나 피부병은 조금도 나아지지 않고 위, 아래, 옆으로 점점 더 퍼져나갔다. 피부 상태는 성난 듯 붉어져 가라앉질 않았다. 급기야 조이는 발꿈치를 들고 까치발로 다녔다.

그러던 어느 날, 조이 발의 피부병이 하루아침에 호전되었다. 우리 가족은 모두 놀라워하며 하나님께 감사를 드렸고, 이 일을 통해 상하게도 하시며 낫게도 하시는 하나님을 경험했다.

"이제는 나 곧 내가 그인 줄 알라 나 외에는 신이 없도다 나는 죽이기도 하며 살리기도 하며 상하게도 하며 낫게도 하나니 내 손에서 능히 빼앗을 자가 없도다." 32:39

1년이 지난 지금까지 완전히 낫지 않은 조이의 발은 우리 가족에게 일종의 '표징'과 '훈계'의 증거로 남아 있다. 우리는 아침저녁으로 약을 발라 주기 위해 조이의 발을 들여다보며 마음을 낮출 수 밖에 없게 되었고, 나는 우리 가족을 품고 기도할 수밖에 없게 되었다.

"이것이 주의 손이 하신 일인 줄을 그들이 알게 하소서 주 여호와께서 이를 행하셨나이다 … 내가 입으로 여호와께 크게 감사하며 많은 사람 중에서 찬송하리니." 시편 109:27,30

나는 이 일로 인해 처음으로 금식에 도전했고, 이런 나약한 몸으로도 얼마든지 금식을 할 수 있다는 것과 이제는 금식의 지경을 더 넓혀 갈 수 있다는 것을 깨달았다. 한 달간의 아침 금식은 불순종의 징계로부터 우리 가정을 해방시켜 주었고, 내 멍에의 줄을 풀어 주었다. 금식으로 말미암아 9년 동안 복용하던 진통제를 하루 세 번에서 두 번으로 줄이게 된 것이다! 이것은 기적이었다. 지금까지 약을 줄이기 위해 시도했다가 얼마나 많이 실패했던가. 나는 이 일로 인해 남은 두 번의 진통제 복용도 하나님의 다스리심 아래 끊어지리라 확신했다.

　　"이스라엘이여 너는 행복한 사람이로다 여호와의 구원을 너 같이 얻은 백성이 누구냐 그는 너를 돕는 방패시요 네 영광의 칼이시로다 네 대적이 네게 복종하리니 네가 그들의 높은 곳을 밟으리로다."
　　33:29

　　이 말씀은 나의 고백이다. 나는 얼마나 행복한 사람인가! 징계를 통해 구원의 기쁨을 누리고, 주의 긍휼의 손길을 체험하고, 순종함으로 흉악의 결박이 풀어졌으니 말이다. 나는 말할 수 없는 감격에 빠져 이 말씀을 단번에 암송했다. 얼마나 행복하던지 잠에서 깰 때마다 읊조렸다.

　　하나님께서 오늘 나에게 명하시는 말씀은 지키기 어렵거나 힘에 겨운 것이 아니다. 왜냐하면 주의 명령이 저 멀리 하늘에 있는 것도 아니고, 바다 밖에 있는 것도 아니기 때문이다(30:11-13). 그런데도 나는 주의 명령을 지키는 것이, 하나님의 말씀에 순종하는 것이 왜 이리 어려운지 모르겠다.

나는 어떻게 하면 순종을 잘할 수 있을까를 고민하며 기도할 때, 성경말씀에서 두 가지 답을 찾았다. 첫째는 "고난으로 순종함을 배워서"(히브리서 5:8)라는 말씀처럼 고난은 결국 순종을 가르쳐 준다는 것이다. 둘째는 "오직 그 말씀이 네게 매우 가까워서 네 입에 있으며 네 마음에 있은즉 네가 이를 행할 수 있느니라"(30:14)는 말씀처럼 하나님의 말씀이 내 곁에 아주 가까이, 즉 내 입과 내 마음에 있으면 순종을 잘할 수 있다는 것이다.

아, 진정 고난과 말씀묵상은 순종을 가르쳐 주는 지침서이다!

구원으로 흐르는 물길

Episode 12

내가 그들을 대적한즉 그들이 그 불에서 나와도 불이 그
들을 사르리니 내가 그들을 대적할 때에 내가 여호와인
줄 너희가 알리라 내가 그 땅을 황폐하게 하리니 이는 그
들이 범법함이니라 나 주 여호와의 말이니라 하시니라.

에스겔 15:7-8

에스겔은 유다가 멸망하기 전에 바벨론 포로로 잡혀간 제사장이다.
그의 선지자적 사명은 예루살렘에 남아 있는 유다 백성들에게 멸망
할 것이라는 '심판의 메시지'를 전하고, 바벨론으로 끌려간 자들에게
포로생활이 끝나고 예루살렘으로 돌아가게 될 것이라는 '회복의 메
시지'를 전하는 것이었다.

하나님을 떠나 우상 숭배한 백성들에게 임할 심판의 메시지는
다음과 같았다.

"…칼과 기근과 전염병에 망하되 먼 데 있는 자는 전염병에 죽고 가
까운 데 있는 자는 칼에 엎드러지고 남아 있어 에워싸인 자는 기근
에 죽으리라…" 6:11-12

결국 하나님보다 강대국들을 더 의지하며 영적 행음을 자행하던 이스라엘은 이방 나라의 침략으로 칼에 맞아 죽고, 전쟁으로 인해 땅은 황폐해지므로 소산이 없어 죽고, 전염병으로 멸절하고 말았다.

반면, 선지자의 '예언'을 통해 미리 경고하시고 사로잡혀가 살아남은 자들에게 회복의 메시지를 전하신 하나님의 뜻은 "회개하고 살아라!"(Repent and live, 18:32) 였다. 즉 '구원'을 위한 것이었다. 이를 위하여 백성들은 스스로 헤아려 모든 죄악에서 떠나고(18:28) 스스로 돌이켜 회개하고(18:32) 스스로 낮추고 기도하여 하나님의 얼굴을 찾아야 했다. 그리하면 주께서 하늘에서 듣고 죄를 사하고 땅을 고쳐 주신다(역대하 7:14)고 약속하셨다.

얼마 전 조카 동환이가 남미에서 파견 근무를 마친 뒤, 잠시 우리 집에 들렸다. 3년 만에 만나니 서로 할 얘기가 산더미같이 많았는데, 동환이의 대화는 오로지 하나님을 향해 있었다. 동환이는 누나 선재와 함께 내가 처음으로 예수님을 영접하게 한 영혼이다. 그들을 돌보며 늘 구원에 대한 마음의 부담이 컸는데 그때에 얼마나 기쁘고 감사했는지 모른다.

그 후 동환이는 중서부 지역에 있는 대학에 들어가 이곳 얼바인을 떠났는데, 그곳에서의 삶은 메마르고 "가물이 든 광야"(19:13), "비를 얻지 못한 땅"(22:24)과 같았다. 몸과 마음은 황폐해졌고, 삶은 기근이었고, 늘 학업의 무게에 짓눌려 있었다. 이에 견디다 못해 스스로 교회를 찾아간 동환이는 그날 마음이 상한 자를 가까이 하시는 주님을 만났다. 그리고 예수님이 나의 구주이심을 고백했다.

이후 늘 학업이 우선이던 동환이의 삶이 예배 중심으로 온전히 바뀌었다. 금요일에도 교회에서 예배를 드리고 학교로 돌아갔다. 교회를 오가며 시간을 많이 빼앗겼지만, 오히려 성적이 더 좋아졌고 심령도 평안해졌다.

대학 졸업 후 미국에서 취업을 준비한 동환이는 실패의 쓰디쓴 잔을 마시고 한국으로 돌아갔다. 주변의 시선뿐 아니라 스스로 느끼는 절망감에 한없이 짓눌려 다시 한 번 주 앞으로 나아가 통곡하며 부르짖었다.

다시 새로운 마음으로 입사 준비를 시작한 동환이는 면접 전날에 회사로 가는 초행길을 답사하면서 지도를 보다가 그 주변에 흐르는 '고덕천'이라는 하천 이름을 발견하고 깜짝 놀랐다. 바로 자신의 아버지 성함이었기 때문이다. 그 이름을 본 순간, 동환이는 '하나님께서 뭔가 놀라운 일을 펼치지 않으실까' 하는 기대와 함께 다음 날 면접에서 꼭 이 얘기를 해야겠다는 마음이 들었다.

다음 날, 첫 면접에서 동환이는 너무 긴장한 탓에 답변을 제대로 하지 못했다. 그런데 갑자기 면접관이 "다른 할 얘기가 있나요?"라고 묻는 것이 아닌가! 동환이는 기다렸다는 듯이 말했다. "어제 저는 초행길에 실수할까 봐 회사에 미리 와보았습니다. 지도를 보면서 왔는데 회사 근처에 흐르는 하천의 이름이 저희 아버지 이름과 같아서 참 신기했습니다. 그래서 오늘 저는 아버지를 만나는 마음으로 이곳에 왔습니다."

동환이의 말에 심사위원 모두가 한바탕 웃었다. 그래서인지 다음 면접 때는 평안하게 역량껏 면접을 잘 마쳤고 그곳에 합격했다. 합격 소식에 불신자이신 동환이의 부모님이 "네가 그렇게 하나님을 찾더니 도와주셨구나! 기적이 일어났구나!"라고 외치시며 가장 기뻐하셨다고 한다.

주께 구한 대로 다 응답을 받는 것은 아니지만 "부르짖으라" 하심은 주님의 명령이요, 이에 참되고 신실하게 반응하는 것은 우리의 몫이다. 부르짖는 것이 어렵지 않은 듯해도 혈기 왕성한 청년이 자신의 힘을 빼고 오직 주만 바라며 부르짖기란 쉽지 않다. 더욱이 웬만큼 황폐하지 않고서는 부르짖지 않는 것이 우리 인간의 본성이다. 그러니 우리가 형편에 상관없이 늘 주님을 향해 부르짖는다면 얼마나 놀라운 일들이 펼쳐지겠는가.

부르짖는 자에게 응답하시는 크고 은밀한 주의 일(예레미야 33:3)은 '구원의 역사'일 텐데, 동환이가 또 한 번 부르짖는다면 어찌 고덕동에 흐르는 하천 '고덕천'이 심령의 땅과 생명수이신 예수님을 연결해주는 물길이 되지 아니할까! 시아주버님의 구원이 가까우니 마음이 설렌다.

타작마당의 겨 같이

Episode 13

왕이여 왕이 한 큰 신상을 보셨나이다 그 신상이 왕의 앞에 섰는데 크고 광채가 매우 찬란하며 그 모양이 심히 두려우니 그 우상의 머리는 순금이요 가슴과 두 팔은 은이요 배와 넓적다리는 놋이요 그 종아리는 쇠요 그 발은 얼마는 쇠요 얼마는 진흙이었나이다 또 왕이 보신즉 손대지 아니한 돌이 나와서 신상의 쇠와 진흙의 발을 쳐서 부서뜨리매 그 때에 쇠와 진흙과 놋과 은과 금이 다 부서져 여름 타작마당의 겨 같이 되어 바람에 불려 간 곳이 없었고 우상을 친 돌은 태산을 이루어 온 세계에 가득하였나이다. 다니엘 2:31-35

큐티를 하면서 하나님을 알아가는 만큼 알아가는 것이 또 하나 있다. 바로 '나'라는 존재에 대해서다. 나는 하나님의 사랑과 공의를 경험하면 할수록 내가 얼마나 죄인인지를 뼈저리게 알아가고 있다.

나는 완악하다. 내 자아는 강하다. 나는 죄 아래에서 종노릇할 때도, 불순종할 때도 많다. 나는 죄인 중에 괴수이다. 그렇다 보니 큐티를 하면서 진리의 빛으로 조명된 나를 볼 때마다 몸부림치지 않을 수 없다. 교만하고 악한 나의 죄성 앞에 가슴을 치지 않을 수 없다. "과연 나는 새로워질 수 있을까"라는 소리가 끊임없이 나를 채찍질한다. 그러다가 어느 날 문득 회의가 물밀 듯 밀려온 적이 있다. "나라는 사람, 정말 말씀으로 변화될 수 있는가…."

한때 나는 남편과의 대립 관계가 극심했다. 모든 사건 앞에서 늘 극과 극을 달리는 우리는 서로 만날 수 없는 두 평행선과 같았다. 싸움의 시작점은 사건일지라도 그 선을 연장하는 것은 늘 '말'이었다. 싸우다 보면 사건은 둘째고 서로의 감정을 상하게 하는 말 때문에 실랑이가 끊이지 않았다. 차라리 입 다물고 있으면 좋을 성 싶었다. 바로 나 말이다.

어느 날, 남편과의 대립이 또 극에 달했다. 쉽게 말해 대판 싸웠다. 싸우다가 어느 순간 정신이 들어 '아! 또 내가 말을 절제하지 못했구나. 조금만 참았으면 이렇게까지 심하게 다투진 않았을 텐데' 하고 후회가 밀려왔다. 급기야 이런 생각까지 들었다. '이렇게 싸우느니 차라리 혀가 없어서 말을 못하는 게 더 낫겠다. 예수님의 말씀처럼 나를 실족하게 하는 이 혀를 찍어 버리고, 온몸이 지옥에 던져지지 않는 것이 유익하겠다.'

나는 결박된 채, 극렬히 타는 풀무불 가운데 던져진 기분이었다. 하나님의 말씀으로 다스려지지 않는 내 혀, 아니, 정확하게는 나 자신에 대한 회의가 밀려와 너무도 절망적이었다. "아, 나라는 사람은 정말 변화될 수 없는 것인가!"

그러던 어느 날, 나는 본문말씀으로 큐티를 하게 되었다. 본문에 나오는 사람 모양의 거대한 신상을 보니, 도저히 무너지지 않을 듯한 그 신상을 보니 바로 '나'였다. 묵상 가운데 성령님은 나라는 존재가 신상처럼 순금, 은, 놋, 쇠, 진흙으로 구분되어 있다는 것을, 즉 내게 강하고 약한 부분이 있다는 것을 깨닫게 하셨다. 나에게 있어 말은 (온유, 절제 등과 함께) 금과 같이 잘 부서지지 않는 부분이었고, 반면 (비교적 순종이 잘되는) 화평이나 긍휼은 진흙과 같이 부서지기 쉬운 부분이었다.

거대한 신상은 산에서 날아온 큰 돌 하나에 의해 부서졌다. 그 돌은 금으로 된 가장 강한 머리 부분이 아닌, 서로 합해질 수 없어 가장 약한 부분인 쇠와 진흙으로 섞인 발을 먼저 쳤다. 발이 부서지자, 신상은 약한 부분에서 강한 부분으로, 그리고 아랫부분에서 윗부분으로 순차적으로 무너져내렸다.

나는 무너지는 신상을 보면서 살 길을 찾았다. 지금까지 나는 나의 가장 강한 부분을 무너뜨리려고 애써왔지만, 하나님의 방법은 그것이 아니었다. 하나님은 나의 가장 약한 부분을 먼저 무너뜨리길 원하셨다. 그리고 점차 조금 더 강한 부분을 향하여 순차적으로 하나씩 무너뜨려 가길 원하셨다. 그러면 결국 신상 같은 내 존재는 산 돌이신 예수 그리스도의 진리의 말씀으로 산산히 부서져 여름철 타작마당의 겨 같이 되어 바람에 다 날아가 버리게 될 것이다.

나는 하나님의 말씀 앞에서 씨름하는 것을 즐거워한다. 그것이 진리와 성령 안에 깨어 있다는 증거라 믿기 때문이다. 물론 불 시련을 겪을 때는 참으로 괴롭다. 하지만 이는 진리 앞에서 씨름하는 자

라면 반드시 거쳐야 할 통과의례라고 생각한다. 아니, 지름길일 수
도 있다.

　내 결박은 오히려 풀무불 가운데서 풀어졌다. 단단히 꼬이고 얽
혀 아무리 풀려고 해도 안 되던 관계의 줄이 불 시련을 지나면서 다
타버렸다. 지금, 나는 남편과 참 행복하다.

일상을 걷는 큐티

내가 그들 중에 거할 성소를 그들이 나를 위하여 짓되 무릇 내가 네게 보이는 모양대로 장막을 짓고 기구들도 그 모양을 따라 지을지니라. 출애굽기 25:8-9

하나님은 모세에게 성막 짓는 방법을 아주 세밀하게 가르쳐 주신다. 성막과 함께 성물, 제사는 물론 제사장의 옷과 위임식까지도 상세하게 알려 주신다. 나는 성막을 묵상하면서 그 시대의 성막에 관한 말씀이 지금의 내 삶과 어떻게 연결되고 적용될 수 있는지 의문이 들었다. 처음에는 막막함이 앞섰으나 세밀하신 성령님을 의지하여 묻고 또 묻기로 했다.

사실 성막 구조에 대한 말씀은 여러 번 읽고 묵상을 해도 머릿속에 쉽게 들어오지 않아 늘 두루뭉수리로 넘어가기 일쑤였다. 그래서 이번에는 말씀에 나오는 대로 성막 설계도를 간략하게라도 반복하여 그려 보기로 했다. 며칠 동안 반복해서 언약궤가 있는 지성소, 분향단과 진설병을 올려놓는 상, 순금 등잔대가 있는 성소, 지성소와 성소를 구분해주는 휘장, 성막 뜰에 있는 물두멍과 번제단을 그 위치에 맞게 그리다 보니 어느새 성막 구조가 외워졌다. 전과 달리 성막에 대한 것들이 친숙하게 다가오고, 말씀도 더 세밀하게 살펴졌다.

"그 휘장 다섯 폭을 서로 연결하며 다른 다섯 폭도 서로 연결하고."
26:3

성막은 많은 부분들이 서로 연결되어 지어져 있었다. 성막 안쪽
과 바깥 덮개인 휘장에는 고가 달려 있었고, 갈고리가 휘장과 휘장
의 고를 연결해 한 막이 되게 했다. 성막의 벽은 널판을 만들어 세
웠는데, 각 판에 두 촉(한쪽 끝을 다른 쪽 구멍에 맞추기 위해 가늘게 만든 부분)씩 내어
서로를 연결했다. 나는 성막이 연결되어 지어지는 것을 묵상하면서
휘장과 휘장의 고를 연결해주고 벽과 벽을 이어주는 '갈고리' 같은
사람이 되기를 소원했다.

본문말씀을 묵상한 날 새벽예배에 어느 선교사님이 강단에 서
서 설교하셨다. 중국에서 선교를 하시는 그분은 미국과 중국을 연
결하는 갈고리 같은 분이셨다. 나는 직접 중국에 가서 선교를 할 순
없지만, 이곳에서 기도와 물질로 미국과 중국을 연결하는 갈고리
역할을 하길 원하며 중국과 선교사님의 사역을 위해 기도드리고 특
별선교헌금을 드림으로써 그 임무를 수행했다.

이와 함께 나는 출애굽기 28장에 나오는 제사장들이 입는 거룩
한 옷을 묵상하면서 마음을 새롭게 하고 굳게 했다. 제사장의 책무
가 참으로 무겁고 중함을 깨달았기 때문이다. 특히, 나는 제사장의
옷들 중 양쪽 어깨받이에 이스라엘 열두 지파의 이름을 새긴 호마

노 두 개를 붙인 '에봇'에서(28:9-12) 온 이스라엘을 어깨 위에 짊어 지고 하나님께로 나아가는 영적 지도자의 모습을 떠올릴 수 있었 다. 그리고 그 모습은 십자가를 어깨에 지고 골고다 언덕을 오르신 나의 구원자 예수님께로 나를 이끌어 주었다.

제사장의 무거운 책무에 비해 그들의 옷은 매우 화려했다. 하나 님께서 특별한 재능을 준 기능공들이 만든 그 거룩한 예복은 영화 롭고 아름다웠다. 제사장이 입어야 할 옷 하나하나를 알려 주시고, 보이지 않는 속옷까지도 정결하게 착용하도록 명령하신 하나님은 우리 삶의 아주 작은 부분까지도 다스려 주시는 분임이 분명하다.

나는 이 말씀을 묵상한 다음 날 큐티모임 방학을 앞두고 간증을 하기로 되어 있었다. 하나님을 증거하는 자리이니 얼마나 영화로 운 자리인가. 나는 그 책무를 잘 담당하기 위해 최선을 다해 준비 했다.

다음 날, 어떤 옷을 입고 그 자리에 설까 고민하고 있을 때, 제사 장의 옷 기준이 떠올랐다. 나는 "영화롭고 아름답게"(28:40)라는 말 씀에 맞춰 한 옷을 정했는데, 가만히 보니 그 옷이 묵상한 말씀과 매우 흡사했다.

"너는 에봇 받침 겉옷을 전부 청색으로 하되 … 너는 또 순금으로 패 를 만들어 도장을 새기는 법으로 그 위에 새기되 '여호와께 성결'이 라 하고 그 패를 청색 끈으로 관 위에 매되 곧 관 전면에 있게 하라."

28:31,36-37

제사장의 에봇 받침 겉옷이 전부 청색이듯 내가 고른 스커트도 청색이었다. 웃옷은 하얀 니트였는데, 목과 손목 둘레가 청색 띠로 둘러져 있는 것이 마치 제사장이 착용한 패가 청색 끈으로 매어진 것과 같았다.

큐티가 이렇게 삶의 아주 구체적인 부분에까지 적용되니 놀랍고 또 즐거웠다. 내 삶의 아주 작은 부분까지도 다스려 주시는 하나님, 내 삶의 모든 것을 주관하시고 동행해주시는 하나님, 나는 이 하나님을 평생 증거하며 살기를 원한다.

내가 주께 묻겠사오니

욥이 여호와께 대답하여 이르되 주께서는 못 하실 일이 없사오며 무슨 계획이든지 못 이루실 것이 없는 줄 아오니 … 내가 말하겠사오니 주는 들으시고 내가 주께 묻겠사오니 주여 내게 알게 하옵소서 … 그런즉 너희는 수소 일곱과 숫양 일곱을 가지고 내 종 욥에게 가서 너희를 위하여 번제를 드리라 내 종 욥이 너희를 위하여 기도할 것인즉 내가 그를 기쁘게 받으리니 … 여호와께서 욥을 기쁘게 받으셨더라. 욥기 42:1-2,4,8-9

드디어 42장에 이르는 욥기 큐티가 3개월에 걸쳐 끝이 났다. 욥기를 장별로 간단히 요약하면 다음과 같다.

1-2장에서는 하나님의 허락 아래 사탄의 시험이 욥에게 임한다. 욥은 모든 소유물과 열 명의 자녀를 다 잃고 몸까지 상한다. 3-31장에서는 욥과 그를 위로하기 위해 찾아온 세 친구들과의 논쟁이 한없이 펼쳐진다. 꼬리에 꼬리를 물고 끝없이 이어지는 그들의 논쟁은 묵상하는 자들의 마음까지도 피폐하게 만드는 혀의 무기로 싸우는 전쟁이다. (그로 인해 욥과 세 친구들은 모두 하나님께

책망을 받는다.) 32-37장에서는 엘리후의 발언이 펼쳐진다. 38-41장에서는 드디어 하나님께서 욥에게 말씀하시며 그를 잠잠케 하신다. 그리고 마지막 42장에서는 '회복'이 일어난다. 욥은 회개함으로써 하나님과의 관계를 회복하고, 그분의 명령에 순종하여 세 친구들을 위해 번제와 기도를 드린다. 이후로 욥은 이전보다 더 큰 복을 누리게 된다.

사실 내 마음은 욥기 큐티를 시작하기 전부터 긴장되었다. 욥기의 주제가 '고난'이지 않은가. 그래서 혹 나도 욥의 고난을 겪게 될까 봐 내심 두려웠다. 묵상하는 말씀과 내 삶이 항상 함께 흘러갔기 때문이다. 아니나다를까 묵상을 시작하면서부터 별 전조 증상 없이 양팔이 아파지더니 아무것도 할 수 없는 지경에까지 이르렀다. 잠도 못 자고 먹지도 못 할 정도로 아팠다.

결국 욥의 탄식은 나의 탄식이 되었고, 욥을 향한 세 친구들의 비판과 정죄는 내게 퍼붓는 참소가 되었다. 그러나 미리 욥기 전체를 읽으면서 만난 회복의 장, 42장은 내게 소망이 되어 마침내 나도 욥처럼 회복되리라는 믿음을 주었다.

욥기를 큐티하면서 마침내 42장에 이르렀을 때에야 비로소 나는 힘겨운 싸움을 마친 듯 안도의 한숨을 내쉬었다. 믿음대로 밤낮 나를 괴롭히던 양팔의 진통이 가라앉았고 조금씩 움직이기 시작했다. 그뿐 아니라 하나님은 또 다른 회복을 예비하고 계셨다.

성령님은 본문말씀을 묵상할 때에 "나에게 물으라(question). 그러면 대답해주겠다"고 말씀하셨다. 나는 성령님께 "제가 무엇을 물어야 하나요?"라고 물었고, 성령님은 "하나님의 계획(42:2)을 물으라"고 말씀하셨다. 그러나 당시에는 무슨 계획을 어떻게 알아서 물어야 할지 전혀 알지 못했다.

나는 하나님께서 욥을 "내 종 욥"(my servant Job)이라고 네 번에 걸쳐 거듭 부르시는 42장 7-9절 말씀을 묵상할 때에 "내 종 의숙"이라고 연거푸 부르시는 하나님의 음성을 들었다. 그러자 내 안에 고이 접어 두었던, 가장 알고 싶었던 하나님의 계획이 떠올랐다. 나는 곧바로 성령님께 물었다. "하나님의 종으로서 저를 사용하실 계획을 알고 싶어요. 제가 이제 다시 신학을 시작해도 될까요?" 그러자 성령님은 나를 기쁘게 받으셨다(42:9)고 재차 말씀해주셨다. 이 얼마만의 일인가!

1999년 3월, 나는 종으로서 하나님의 부르심(calling)을 받았다. 그때 나는 "보낼 만한 자를 보내소서"라고 말한 모세처럼, "나는 아이라 말할 줄을 알지 못하나이다"라고 말한 예레미야처럼 갈등의 시기를 겪었고, 그 시간을 지나고 난 후에야 비로소 "내가 여기 있나이다 나를 보내소서"라고 고백한 이사야처럼 하나님께 나를 기쁘게 내어드릴 수 있었다.

나는 지체하지 않고 바로 신학교에 들어갔다. 그러면 사역도 바로 시작되는 줄 알았는데 아니었다. 오히려 나는 내 질병과 딸의 평생질병으로 인해 신학뿐 아니라 내 삶의 모든 것을 포기해야만 했다. 광야로 내몰렸던 그 10여 년 동안, 나는 하나님께 "도대체 나는 언제 주의 종으로 쓰임 받을 수 있냐"고 수없이 묻고 또 물었다. 그러던 어느 날, 늘 침묵하시던(사실 많은 경우 내가 주의 음성을 듣지 못했을 것이다) 하나님께서 "큰 일과 감당하지 못할 놀라운 일을 하려고 힘쓰지"(시편 131:1) 말라고 말씀하셨다. 연약하고 부족한 나로서는 아직 감당할 수 없다고 하시는 것 같아 나는 다시 잠잠히, 또 오래도록 하나님의 부르심을 기다렸다. 그런데 드디어 내게 말씀이 임했다. 그토록 힘들게 묵상한 '욥기'에서 그토록 기다리던 하나님의 음성을 들은 것이다. 나를 주의 종으로 기쁘게 받아주신 주님은 이제 그분의 백성을 위하여 번제를 드리고, 기도하는 하나님의 종(42:8)이 되기 위해 계획을 세우라고 말씀하셨다.

나는 남편과 상의하며 신학교를 알아보는 가운데, 형편과 건강 등 모든 상황이 10여 년 전보다 훨씬 더 적합하게 예비 되어 있음을 깨닫고 감사의 눈물을 흘렸다.

"그는 뜻이 일정하시니 누가 능히 돌이키랴 그의 마음에 하고자 하시는 것이면 그것을 행하시나니 그런즉 내게 작정하신 것을 이루실 것이라 이런 일이 그에게 많이 있느니라." 23:13-14

이제 나는 주께서 명령하신 대로 믿음의 행보를 내딛는다.

누구의 적수인가

Episode 16

그에게 두 아내가 있었으니 한 사람의 이름은 한나요 한 사람의 이름은 브닌나라 브닌나에게는 자식이 있고 한나에게는 자식이 없었더라 … 여호와께서 그에게 임신하지 못하게 하시므로 그의 적수인 브닌나가 그를 심히 격분하게 하여 괴롭게 하더라. 사무엘상 1:2,6

엘가나는 왕이신 하나님의 통치를 거부하고 각기 자기의 소견에 옳은 대로 행하던 사사시대에 살았다. 레위 지파의 후예로 경건하였으나 그는 타락하고 암울한 시대에 발맞춰 두 아내, 한나와 브닌나를 두고 있었다.

매년 엘가나는 실로에 가서 제사를 드린 후에 제물의 몫을 가족에게 나누어 주었는데, 특별히 더 사랑하는 아내 한나에게는 갑절을 주었다. 그러자 그의 또 다른 아내 브닌나가 한나의 약점(이 약점이 브닌나에게는 강점)을 이용하여 괴롭히기 시작했다. 자식이 없다는 것을 이유로 들어 한나를 맘껏 비웃고 조롱한 것이다. 해마다 한나를 업신여기는 브닌나의 태도는 변함없었다.

성경은 브닌나를 한나의 '적수'라고 표현하고 있다. 적수는 재주나 힘이 서로 비슷해서 상대가 되는 사람을 뜻하는 말로 서로 판이

하게 다른 상황에서 생기지 않는다. 예를 들어, 운동선수의 적수는 운동선수이지 기업가가 아니다. 그래서 여자의 적수는 거의 여자인 것일까?

최근 나에게도 적수가 나타났다. 그녀는 나를 은근히 왕따 시켰고, 내 약점이 화두가 되면 그것이 자신의 강점이라고 강조를 했다. 나는 '저것은 의도적인 것이 아니라 미처 나를 헤아리지 못해서 그런 걸 거야'라고 생각하려 애썼지만, 그때마다 한나처럼 원통했다.

하지만 내 마음을 더 괴롭게 하는 것은 성령님의 음성이었다. 마침 그때의 묵상말씀이 그를 악한 여자로 여기지 말고 그에게 응답하며 평안으로 그를 축복하라는 것이었다(1:16-17). 나는 주님이 내 마음은 헤아려 주지 않고 그녀만 생각해주시는 것 같아 적잖이 서운했다. 그러니 말씀에 순종할리 없는 나는 근심을 안고 큐티모임에 참석했다. 그리고 거기서 진짜 성경 속 한나를 만났다. 하나님의 큰 은혜로 결혼 11년 만에 쌍둥이 아들을 얻은 이정희 집사님, 그녀가 바로 내가 만난 한나였다. 다음은 그녀의 이야기다.

쌍둥이를 낳기 오래전, 이 집사님은 자신처럼 오랫동안 자녀를 갖지 못한 한 자매와 교회에서 가까이 지냈다. 그러던 어느 날, 그녀가 임신을 하고 아이를 낳았다. 교회 식구들은 그녀를 축하해주면서 마음 한 켠 이 집사님을 안쓰럽게 여겼다.

그런데 그녀가 어찌된 일인지 자꾸 집사님 앞에 갓난아이를 데리고 나타나 "언니, 언니는 이렇게 예쁜 아이 절대 못 낳을 걸!" 하면서 괴롭혔다. 어느 누구라도 못 참을 그 상황에서 집사님은 "그럼, 내가 이렇게 예쁜 아기를 어떻게 낳겠어"라고 대답했지만(실제로 아기가 정말 예뻤다고 한다) 뒤돌아서는 통곡이 터져 나왔다.

그렇게 괴롭힘을 당할 때마다 집사님은 "어찌하여 울며 어찌하여 먹지 아니하며 어찌하여 그대의 마음이 슬프냐 내가 그대에게 열 아들보다 낫지 아니하냐"(1:8)라고 엘가나의 위로를 받은 한나처럼 남편의 위로를 받았고, 그 사랑으로 그 후 5년을 더 꿋꿋이 기다릴 수 있었다고 했다.

집사님의 얘기를 들으면서 우리 모두가 격분해 하던 그 순간, 나는 나에게서 브닌나의 모습을 보았다. 몇 년 전, 임신하지 못하는 동생에게 생활습관 등을 운운하며 "그러니까 임신이 안 되는 것 아니냐"고 오만한 말을 했다. 그때 동생은 나로 인해 얼마나 원통했을까…. 이 글을 보게 될 동생에게 진심으로 사과하고 싶다. 그런데 혹여 지금까지도 아이가 없는 동생의 아픔을 또 한 번 들춰내는 것은 아닌가 하여 미안하기 그지없다.

나는 내가 억울함을 당하는 한나인 줄로만 알고 살았는데, 때론 한나를 공격하는 브닌나이기도 했다. 이런 나에게 주님은, 내가 브닌나일 때는 한나에게 용서를 구하고, 내가 한나일 때는 브닌나를 용서하라고 하신다. 두루두루 모든 사람과 더불어 화평하지 않으면 주님을 보지 못하기 때문이라고 말씀하신다(히브리서 12:14).

이제 나는 나를 적수로 여기는 브닌나를 용서해야 한다. 그런데 이 일이 어찌 이리도 어려울까. "주여, 당신께 은혜 입기를 원하나이다"(1:18).

돌아가자, 아버지 집으로

Episode 17 나는 벧엘의 하나님이라 네가 거기서 기둥에 기름을 붓고 거기서 내게 서원하였으니 지금 일어나 이곳을 떠나서 네 출생지로 돌아가라 하셨느니라 … 하나님이 야곱에게 이르시되 일어나 벧엘로 올라가서 거기 거주하며 … 거기서 제단을 쌓으라 하신지라 … 우리가 일어나 벧엘로 올라가자 내 환난 날에 내게 응답하시며 내가 가는 길에서 나와 함께 하신 하나님께 내가 거기서 제단을 쌓으려 하노라 하매. 창세기 31:13, 35:1,3

창세기 31-35장까지 무려 다섯 장에 걸쳐 야곱에게 이르시는 하나님의 말씀은 "벧엘로 돌아가서 거기서 제단을 쌓으라"이다. 야곱은 속임수로 형 에서의 장자권과 축복권을 빼앗고 형을 피해 도망자의 길에 오른다. 그리고 그 길에서 하나님을 만나는데, 그곳이 바로 '하늘의 문'이라고도 불리는 '하나님의 집', 벧엘이다.

하나님은 벧엘에서 야곱을 약속의 자손 반열로 부르시면서 "내가 너와 함께 있어 네가 어디로 가든지 너를 지키며 너를 이끌어 이 땅으로 돌아오게 할지라 내가 네게 허락한 것을 다 이루기까지 너를 떠나지 아니하리라"(28:15)고 약속하신다. 지금은 떠나야 하지만, 결국 야곱이 돌아와야 할 곳은 '벧엘'이었다.

그 후 외삼촌 라반이 거류하는 땅에서 20년간 머물던 야곱은 마침내 하나님의 약속대로, 그리고 "네 조상의 땅 네 족속에게로 돌아가라 내가 너와 함께 있으리라"(31:3) 하신 명령대로 귀향길에 오른다. 그 땅을 떠날 때도 야곱은 외삼촌의 추격을 당하는 도망자 신세였다. 그러나 하나님의 간섭하심으로 위기에서 벗어나 다시 평안한 발걸음으로 고향 땅을 향한다.

형과의 만남을 앞두고 두려움에 휩싸인 야곱은 얍복 나루에서 하나님과 밤새도록 씨름하여 '이스라엘', 즉 '하나님과 및 사람들과 겨루어 이겼음'이라는 뜻의 새 이름과 축복을 받는다. 하나님은 그 과정에서 그의 허벅지 관절을 치셨고, 그는 다리를 절며 형에게 나아간다. 이번에도 하나님의 간섭하심으로 야곱은 형과 화해한다.

그런데 마침내 고향에 이른 야곱은 벧엘이 아닌 숙곳에 장막을 친다. 모든 걸림돌이 사라져서 안일해진 까닭일까? 먼저 그는 자기를 위하여 집을 짓고 그의 가축을 위하여 우릿간을 지은(33:17) 뒤에 제단을 쌓는다(33:20). 더 나아가 아예 세겜 땅에 안주한다. 벧엘, 즉 아버지의 집에서 영원한 복락을 누려야 할 그가 불완전한 인생을 선택하고 만 것이다. 이런 그의 처사는 결국 딸 디나가 세겜에서 강간을 당하고, 아들들이 살인과 노략을 하는 불미스러운 결과를 낳는다. 그때 하나님은 또다시 말씀하신다. "벧엘로 올라가 거기서 제단을 쌓으라." 이에 비로소 야곱은 벧엘로 돌아가고, 그곳에서 하나님은 그에게 주신 약속을 견고하게 하신다.

성령님은 본문말씀을 큐티하는 10여 일간 하루도 빠짐 없이 내게 "벧엘로 돌아오라"고 재촉하셨다. 내가 가야 할 벧엘은 바로 '새벽 성전'이었다. 그러므로 일어나 떠나야 할 세겜 땅은 내가 머물고 있는 장막, 내 집이었다. 나는 성령님께 이렇게 반문했다. "하나님, 저는 세겜에서도 제단을 쌓고 여호와의 이름을 부르고 있잖아요. 그냥 여기에서 예배하면 안 될까요?"

사실 더 애절한 사유가 있었다. 나를 데리고 새벽예배를 다니시던 집사님이 사정이 생겨 이제 같이 못 다니게 된 것이다. 나는 동행자를 붙여 달라고 기도했으나 오히려 성령님은 내게 직접 운전해서 가라고 말씀하셨다.

나는 새로운 도전을 앞두고 처음에는 기대에 부풀어 순종했으나 내 약한 몸은 여지없이 무너져 기존의 허리와 목, 양팔의 진통에 다리 통증까지 더해졌다. 통증이 깊어지고 더해지자 두려움이 엄습했고, 고통의 무게에 짓눌린 내 몸은 도무지 일으켜 세워지지 않았다.

주님은 이런 나를 잘 아심에도 불구하고 계속해서 주의 성소에서 말씀하겠다고 하셨다. 하늘 문이 열려 있는 아버지의 집에서 씨름하자고 하셨다. 사실 나는 이렇게 말씀하시는 하나님의 선하신 뜻을 잘 안다. 이는 내 육체의 성전을 단련하시기 위함이다. 그동안 나는 하나님의 인도하심으로 얼마나 강건해졌는가?

12년 전, 나는 거의 침대에 누워 지내다가 큐티를 시작하면서부터 책상에 앉기 시작했고 그 시간이 조금씩 늘어나게 되었다. 더 나아가 무릎을 꿇고 기도할 수 있게 되었고, 피아노를 치며 찬양도 할 수 있게 되었다(척추를 받쳐줄 등받이 없는 의자에도 앉게 된 것이다). 매일같이 먹던 진통제도 10년 만에 끊을 수 있게 되었다. 주일 예배도 겨우 참석하던 내가 수요예배, 더 나아가 목장예배, 큐티모임에도 참석할 수 있게 되었다. 이렇듯 내 육체의 활동 지경은 말씀의 인도하심을 따라 점점 넓혀져 갔다. 물론 그때마다 대가를 치러야 했지만 말이다.

나는 지금도 그와 같은 때임을 잘 안다. 이 고통의 시간을 잘 이겨내면, 이전보다 더 강해질 것이다. 이제 나는 내 마음을 힘 있게 돌이켜 믿음의 행보를 강행하려고 한다. 야곱처럼 다리를 절며 걸을지라도, 어린아이처럼 서투른 걸음으로 걸을지라도 이렇게 외치고 싶다. "일어나 아버지의 집, 벧엘로 올라가자!"

성령이 임하시매

Episode 18 | 오순절 날이 이르매 그들이 다 같이 한 곳에 모였더니 홀
연히 하늘로부터 급하고 강한 바람 같은 소리가 있어 그
들이 앉은 온 집에 가득하며 마치 불의 혀처럼 갈라지는
것들이 그들에게 보여 각 사람 위에 하나씩 임하여 있더
니 그들이 다 성령의 충만함을 받고 성령이 말하게 하심
을 따라 다른 언어들로 말하기를 시작하니라. 사도행전 2:1-4

부활하신 예수님은 승천하시기 전에 40일 동안 제자들과 많은 성
도들에게 하나님 나라의 일을 말씀하신다. 또 그들에게 예루살렘을
떠나지 말고 아버지께서 약속하신 것, 즉 성령을 기다리라고 분부
하신다. 예수님은 "땅 끝까지 이르러 내 증인이 되리라"(1:8)고 말씀
하신 후에 승천하신다. 그러고 나서 열흘이 지난 오순절 날, 다락방
에 모여 마음을 같이하여 오로지 기도에 힘쓰던 그들에게 예수님이
약속하신 성령이 임한다.

그들이 예수님도 이 땅에 계시지 않고, 성령도 임하기 전인 10
일 동안 붙든 것은 오직 하나, '약속'이었다. 그 약속이 없었다면 그
들은 아픔과 상처의 도시 예루살렘을 떠나 갈릴리로 돌아갔을 것이

다. 아무 소망도, 빛도 없는 암흑의 시간을 보냈을 것이다.

성령이 임하자, 제자들이 각기 다른 언어의 방언을 말하기 시작했다. 방언은 성령님이 말하게 하심을 따라 하는(2:4) 영의 기도이다. 우리가 방언 따로, 생각 따로가 아닌 성령님과 온전한 연합을 이루어 방언을 하면 그것은 하나님의 뜻대로 간구하는 기도가 된다. 왜냐하면 성령님이 하나님의 뜻대로 우리를 위하여 간구하시기 때문이다(로마서 8:27).

내가 받은 은사 중 하나는 지체들이 방언을 받도록 돕는 길잡이 역할을 하는 것이다. 하나님께서 그때그때 방언을 주시고자 하는 사람이 누구인지 가르쳐 주시는데, 그들은 하나님의 임재와 성령 충만함을 간절히 바라고, 무엇보다 방언의 은사를 사모하는 자들이었다.

나는 그들과 마음을 같이하여 기도할 때, 그들에게서 방언이 나오는 순간을 느낀다. 그런데 처음에는 대부분 주춤한다. 입을 열어 기도하더라도 자꾸 자신의 의지로, 자기 말(한국말)로 하려고 한다. 바로 그때 나는 옆에서 함께 기도하며 평안한 마음으로 성령님이 말하게 하심을 따르도록 돕는 역할을 하는 것이다.

언젠가 주일예배를 마친 후에 어느 집사님이 나를 찾아오셨다. 우리는 하나님의 충만한 임재 가운데 있었는데, 성령님은 그분에게 방언에 대해 나누도록 이끌어 가셨다. 그리고 그분을 바라보며 방언을 하라고 명하셨다. 나는 성령님의 새로운 이끄심을 따라 그분을 향하여 방언을 했고, 그러자 내 눈을 응시하던 집사님이 머뭇거리지 않고 바로 방언을 하기 시작했다.

제자들이 마음을 같이하여 기도에 힘쓰며 약속을 기다렸듯, 나도 두 자매와 함께 마음을 같이하여 기다린 약속이 있다. 2년 넘게 큐티모임에서 교제해온 은정 자매와 희선 자매는 말씀과 성령 안에서 한마음 한뜻으로 교통하는 귀한 자매들이었다.

그들과 함께 한 어느 날, 나는 성령님의 인도하심을 따라 그들에게 방언에 관하여 나누었고, 이후 그들은 방언을 사모하며 하나님께서 예비하신 때를 잠잠히 기다렸다.

그 기다림의 시간이 1년이 지나가고 있을 때, 우리는 사도행전 큐티를 시작했다. 그리고 본문말씀을 큐티한 날, 희선 자매와 개인적인 일로 만났는데, 성령님께서 그녀에게 방언으로 말하기 시작하라고 말씀하셨다.

우리는 차 안에서 묵상한 말씀을 나누고 성령님의 인도하심을 따라 함께 기도했다. 희선 자매에게서 방언 소리가 들렸으나 이내 주저하는 것이 느껴졌다. 나는 그녀에게 함께 하나님을 찬양하자고 권했고, 힘 있게 찬양을 드리자 그녀의 소리가 달라진 것을 느낄 수 있었다. 그 소리는 분명 방언이었다. 우리는 각자의 방언으로 하나님께서 행하신 일을 찬양하고 기뻐하며 헤어졌다.

다음 날, 우리는 은정 자매의 집으로 향했다. 문을 활짝 열고 반기는 그녀는 주의 은혜를 기다리는 자 같았다. 우리는 같은 말씀을 나누고 전심으로 기도하기 시작했다. 그녀 또한 처음에는 머뭇거렸으나 성령님의 강한 이끄심 가운데 가슴 깊은 곳에서 터져 나오는 소리로 방언을 하기 시작했다. 그날 우리는 각자의 방언으로 하나님의 큰 일(2:11)을 찬양했다.

제자들이 여러 지역의 방언으로 말할 때에 그 소리를 들은 경건한 유대인들의 반응은 놀람과 당황, 소동과 조롱이었다. 하지만 하나님의 능력을 체험한 우리의 반응은 다르다. 경이로움과 기쁨이고 감사와 찬송이며 주신 은사에 대한 순종이다. 뿐만 아니라 성령의 권능을 받은 증인으로서의 결단과 헌신이다.

> "오직 성령이 너희에게 임하시면 너희가 권능을 받고 예루살렘과 온 유대와 사마리아와 땅 끝까지 이르러 내 증인이 되리라 하시니라."
>
> 1:8

오늘,
예수님을 만나는 것이 중요합니다

첫 책을 출간하고 3년 후, 하나님은 제게 "깃발을 세우라"고 말씀하셨습니다. 저는 성령님께 그 깃발에 대해 가르쳐 주시기를 구하였으나 당시에는 깨닫지 못했습니다.

어느 날 운전을 하고 가던 중, 저는 깃발들이 세워진 공터를 지나게 되었습니다. 그 깃발들을 자세히 보니 '건축을 시작한다'는 의미의 표시였습니다. 저는 마음속으로 성령님께 물었습니다. "성령님, 제가 건축해야 할 것은 무엇인가요? 건축의 시작을 알리기 위해 세워야 할 깃발은 무엇인가요?" "성령님, 제 깃발은 오직 승리하신 예수 그리스도이신데, 제가 그분을 나타내기 위해 세워야 할 깃발은 무엇인가요? 그 깃발을 어디에 어떻게 세워야 하나요?" 그때 성령님은 제게 응답해주셨습니다.

성령님은 제게 큐티를 하면서 만난 하나님을 글로 나타내라고 명하시며 그 글 한 편이 깃발 하나로 세워질 것이라고 하셨습니다. 그날부터 저는 모아둔 큐티책들을 모두 꺼내 제가 기록한 내용들을 살펴보았습니다. 그리고 말씀 속에서, 삶 속에서 만난 하나님을 증거하는 글을 작성해나가기 시작했습니다. 봄여름 두 계절을 보내고 나니 꽤 많은 깃발들이 모여졌고, 깃발을 세울 땅도 정해졌습니다. 여러 통로와 방법으로 그 글들이 전해지게 된 것입니다. 그렇게 세워진 깃발들은 메말라 갈급해 하는 이들의 마음 땅에서 펄럭이며 예수 그리스도를 증거했습니다. 그 깃발들 중 일부가 시즌 3의 내용입니다.

저는 큐티를 하면서 나를 만나주신 하나님을 글로 증거하는 6년간의 긴 세월을 보내는 가운데, 그 깃발이 무엇을 건축하기 위한 신호인지를 차츰 깨닫게 되었습니다. 그것은 바로 제가 집필해야 할 두 번째 책에 관한 것이었습니다. 저는 이를 깨닫고 성령님의 인도하심을 따라 큐티에 대한 이론 부분을 정리해나갔습니다. 바로 그 부분이 시즌 1의 내용입니다.

성령님은 책을 건축할 마음을 계속 더하셨으나 저는 교회 사역과 학업, 가정의 크고 작은 일들에 치여 도무지 마음이 움직여지지 않았습니다. 그래서 결국 건축을 중단하고 말았습니다.

그러던 어느 날, 하나님의 명령에 순종하지 않고 도망가다가 바다에 던져져 큰 물고기 배 속에서 사흘을 지낸 요나의 말씀이 제게 "건축을 다시 시작하라"는 하나님의 명령으로 들려졌습니다. 그러나 저는 여전히 고집을 부리며 당장 눈앞에 보이는 일에만 전념했습니다. 지금 내가 하는 일도 주님의 일이지 않느냐고 항변하면서 말입니다.

그로부터 몇 개월 후, 저는 아침부터 시름시름 앓기 시작했습니다. 어딘가에 갇힌 듯 숨을 쉬기 어려웠고, 온몸에 기운이 하나도 없었습니다. 그것은 지금까지 겪은 그 어떤 고통과도 비교할 수 없는 고통이었습니다. 그때 제 귀에 들린 음성이 "요나"였습니다. 그제야 저는 무릎을 꿇고 회개하며 건축을 다시 시작하겠다고 고백했습니다.

중단된 건축을 재건하는 모든 과정은, 때마침 솔로몬의 성전 건축이 나오는 역대기 말씀을 묵상하면서 성령님의 인도하심을 따라 진행되었습니다. 그 과정 가운데 저는 이 책이 '성전' 건축물을 상징하는 책이 될 수 있다는 것을 깨달았습니다. 성전은 하나님을 만나는 곳이자 하나님의 이름을 두시려고 택하신 곳이므로, 저는 이 책이 하나님을 만나고 그분의 이름만을 증거하는 책이 되기를 간절히 바라며 준비했습니다.

저는 다윗이 성전 설계도를 주며 양식을 설명하고 기구의 무게를 정하여 준 것처럼(역대상 28:11-19) 책에 관련된 모든 계획을 성령님께 물으며 진행해나갔습니다. "여호와의 손이 내게 임하여 이 모든 일의 설계를 그려 나에게 알려 주셨느니라"(역대상 28:19)고 한 다윗의 고백처럼 성령님께서 감동을 주실 때마다 그려보고 지웠다 다시 그려보기를 반복하며 단계적으로 그 지시하심을 따랐습니다. 재건 후에 행한 이 과정을 통해 시즌 2가 준비되었고, 이로써 이 책의 집필을 마치게 되었습니다.

저는 원고를 마무리하던 무렵, 사랑하는 분을 주님의 품으로 보내 드려야 했습니다. 그분은 한치웅 집사님이십니다. 한 집사님은 예수님을 영접한 후부터 매일 이른 새벽마다 교회 문을 활짝 열고 불을 밝히셨습니다. 늘 부부가 함께 섬기셨는데, 한 집사님은 교회 밖 전체를 돌며 교회와 성도들을 위해 기도하셨고, 아내 한명희 집사님은 예배당 곳곳을 닦으셨습니다. 그분들은 이 일을 다 마친 후에야 예배당에 앉아 새벽예배를 드리기 전까지 성경을 읽고 기도하셨습니다.

교회의 머리되시는 예수님을 사랑하셔서 성전 문을 열고 지키는 사명을 기뻐하셨던 한 집사님은 늘 예수님과의 친밀한 교제를 바라셨습니다. 성경말씀을 주야로 묵상하고 기도하시며 주님과 동행하고 그분의 음성을 듣고 따르셨습니다. 한 집사님의 얼굴에는 어린아이와 같은 미소가 늘 떠나지 않았습니다.

한 집사님은 제가 이 책의 재건을 시작한 뒤 얼마 지나지 않아 췌장암 진단과 함께 3개월 선고를 받으셨습니다. 이 일은 모든 교인에게 큰 충격이었습니다. 어느 누구보다 하나님과 교회를 사랑하여 헌신하셨고, 영혼을 사랑하여 복음을 전하셨고, 온유와 겸손으로 본을 보이셨던 분이기 때문입니다. 그러나 한 집사님은 죽음 앞에서도 새로운 믿음의 세계를 경험하기를 바라시며 묵묵히 투병하셨습니다.

극심한 통증이 나날이 더해가던 어느 날, 한 집사님은 예수님의 음성을 들으셨습니다. "지옥은 지금 네가 겪는 것과 비교할 수 없을 만큼 고통스러운 곳이다." 그때 한 집사님은 자신이 병상에서 일어나면, 꼭 천국과 지옥을 전하겠노라고 다짐하셨습니다. 하지만 통증은 더욱더 심해져 가장 강하다는 진통제마저 아무 효과가 없었습니다. 한 집사님이 괴로움에 일그러진 얼굴로 "주여, 이것이 진정 지옥의 고통입니까"라고 울부짖을 때에 주님은 "네 고통은 아직 지옥 문턱에도 가지 못한 것이다"라고 말씀하셨다고 합니다.

한 집사님은 육신으로는 지옥의 고통에 점점 가까워지셨지만, 영적으로는 그렇지 않으셨습니다. 함께 예배를 드릴 때면, 혼신의 힘을 다해 두 손을 들고 찬양하며 뜨거운 눈물을 주르륵 흘리셨습니다. "주님의 높고 위대하심을 내 영혼이 찬양하네. 주님의 높고 위대하심을 내 영혼이 찬양하네!"

소천하시기 이틀 전, 저는 한 집사님과 많은 이야기를 나누었습니다. 제가 말씀을 드리면 눈짓과 고개로, 제 손을 붙든 손으로 답하셨습니다. "집사님, 이제 저는 더 이상 슬퍼하지 않고 집사님의 천국 입성을 기뻐하고 즐거워할 거예요." 그러자 집사님은 고개를 끄덕이시며 그러라고, 그러라고 재차 말씀하시는 것 같았습니다. 저는 그 자리에서 집사님께 한 약속을 드렸고, 집사님은 기쁘게 응낙해

주셨습니다. "집사님, 제가 어디를 가든지 집사님이 전하려고 하셨던 지옥에 관한 주님의 메시지를 증거하며 복음을 전할게요."

그리고 하루 전 날, 한 집사님 댁에 가려고 준비하는 가운데 저는 "십자가, 십자가"라고 말씀하시는 성령님의 음성을 들었습니다. "성령님, 십자가 고통을 말씀하시는 건가요? 한 집사님께 십자가 찬양을 불러 드릴까요?" 그때 성령님은 '빛난 영광'을 주목하라고 말씀해주셨습니다. 집사님 댁에 도착하니, 한 집사님은 몸을 가누지 못하시고 끊임없이 신음하고 계셨습니다. 이제껏 살면서 한 번도 보지 못한, 듣지 못한 고통스러운 모습이었고 소리였습니다. 그런 한 집사님을 지켜보는 저와 아내 한명희 집사님의 괴로움도 더욱 깊어져 갔습니다. 저희는 서로의 마음을 다독이며 십자가 찬송을 부르기 시작했습니다. 힘차게 더욱 힘차게 불렀습니다. 그 순간 한 집사님의 얼굴에 환한 미소가 번졌습니다. 눈에는 눈물방울이 맺혔습니다. 그 미소와 눈물이 반짝 빛났습니다. 그것은 십자가의 고통을 이긴 영광의 빛, 지옥의 고통을 이긴 천국의 빛이었습니다.

주님은 한 집사님을 바라보며 괴로워하는 저희에게 "고통스러워하는 육신의 모습을 보지 말고, 영혼이 기뻐하며 즐거워하는 모습을 보라"고 말씀하셨습니다. 육신의 고통은 잠깐이고, 천국에서 누릴 영광은 빛나고 영원하므로 믿음의 눈으로 보이지 않는 것을 주목하라고 하셨습니다. 그러자 집사님의 고통스러운 모습과 신음 소리가 지옥을 향해 가는 영혼들을 바라보며 아파하시는 하나님 아버지의 모습과 신음 소리로 다가왔습니다.

"이제 이 모습을 보고 이 소리를 들은 너희는 어떻게 살아갈 것이냐? 지옥 형벌을 면치 못할 영혼들과 나를 믿으나 지옥 같은 현실을 살아가고 있는 영혼들에게 무엇을 전하겠느냐?"

이것은 한 집사님의 고통스러운 마지막 모습을 통해 주님께서 들려주신 뜨거운 메시지였습니다. 한 집사님은 이 땅에서도 천국의 삶을 살기 위해 예수님을 따르셨고, 지옥 같은 고통 속에서도 끝까지 예수님을 따르셨습니다. 그리고 지금, 주의 보좌 앞에서 빛나고 영원한 영광을 누리고 계십니다.

사랑하는 독자 여러분, 큐티를 하는 가운데 하나님을 만나면 천국을 경험하게 됩니다. 육신은 지옥 같은 현실 속에 살지라도 영혼은 주와 함께 기뻐하며 즐거워할 수 있습니다. 그러나 이렇게 즐거워할 수 있는 사람은 오직 "예수는 그리스도"라고 믿음으로 고백하는 사람입니다.

우리는 모두 죄인입니다. 죗값을 치르기 위해 영원한 지옥 형벌을 받아야 할 죄인입니다. 그러나 예수 그리스도께서 십자가에 달려 돌아가사 자신의 생명으로 그 값을 대신 치르시고, 우리를 지옥 형벌에서 구원해주셨습니다. 우리는 예수 그리스도를 믿음으로써 구원을 받아 지옥이 아닌 천국에서 영원히 살게 되었습니다. 우리가 이 땅에서도 천국의 삶을 살 수 있는 이유는 "그리스도 예수는 주", 곧 내 삶의 주인이심을 믿음으로 고백할 때에 성령님이 우리 안에 거하셔서 영원토록 함께 하시기 때문입니다.

반면 "예수는 그리스도"라고 고백하지 못하고 그분을 주로 영접하지 못한 사람은 영원한 생명도 소유하지 못하고 성령도 받지 못합니다. 지옥 같은 고통스런 삶을 살아가야 합니다. 아니, 고통스러운 인생보다 비교할 수 없이 괴로운 지옥 형벌을 면치 못합니다. 지옥은 죄인을 파먹는 구더기들도 죽지 않고, 불도 꺼지지 않는 곳입니다. 소금에 절이듯 불에 절여져도 죽을 수 없는 곳입니다. 그런 곳에서 영원히 살아야 합니다(마가복음 9:48-49, 새번역).

큐티를 하는 것보다 더 중요한 것은 예수님을 만나는 것입니다. 예수는 그리스도이심을 믿는 것입니다. 예수 그리스도가 나의 주이심을 확신하는 것입니다. 이 책의 어느 지면의 땅에서든 온 땅을 다스리시는 주 예수 그리스도를 만나시길 간절히 간구합니다. 그러므로 한 영혼이 영원한 지옥에서 건짐을 받고, 한 성도가 지옥 같은 현실에서 천국을 경험하는 은혜가 임하길 간절히 소망합니다.

성령님과 교제하며 예수님을 만나는 큐티는 살아갈 힘, 생명을 얻는 길입니다. 다시 오실 예수 그리스도를 믿음으로 바라보고 기다리며 인내할 힘을 얻는 길입니다.

큐티를 통해 우리 오늘, 예수님을 만나요!

l..l..l.l
behold

만나를 찾아 하나님과 만나는 쉬운 큐티 수업
오늘 만나

초판인쇄 • 2019년 12월 7일
초판발행 • 2019년 12월 14일

지은이 • 원의숙
발행처 • 비홀드
등   록 • 2019년 8월 2일 제409-2019-000037호
주   소 • 경기도 김포시 월곶면 용강로57번길 86 B동 2호
전   화 • 070 4116 4550
이메일 • beholdbook@gmail.com

🅞 🅙 🅕 beholdbook

©원의숙, 2019
ISBN 979-11-967985-0-5

값 13,000원

이 도서의 국립중앙도서관 출판예정도서목록(CIP)은 서지정보유통지원시스템 홈페이지(http://seoji.nl.go.kr)와 국가
자료종합목록 구축시스템(http://kolis-net.nl.go.kr)에서 이용하실 수 있습니다. (CIP제어번호 : CIP2019048792)